Kiss the Cook! – Küss den Koch!

von Anja Thieme

Langenscheidt

Berlin · Madrid · München · Warschau · Wien · Zürich

Lektorat: Maren Giering-Desler
Englischsprachiges Lektorat: Charlotte Collins
Umschlaggestaltung: init.büro für gestaltung, Bielefeld,
unter Verwendung von Fotos von iStockphoto

www.girls-in-love.de
www.langenscheidt.de

Satz: Schulz Bild & Text, Mainz
Druck und Bindung: Stürtz GmbH, Würzburg

ISBN: 978-3-468-20894-2

12010

Take-Off

"Platz zwei, wie schon im letzten Jahr, für Marcel Baumgarten aus Schwenningen."
Aus und vorbei! Dabei war Cat sich so sicher gewesen, dass sie mindestens unter die ersten fünf kommen würde. Jeden Tag, seit sie von der Schule abgegangen war, hatte sie geübt. Und geübt. Zwei Monate lang hatte sie ihrer Familie bei jeder Gelegenheit dieses Menü vorgesetzt – hatte all das Üben nichts genutzt?
Der Vorsitzende der Jury räusperte sich. "Und der erste Preis im niederrheinischen Jugendkochwettbewerb geht an ..."
It's all ***over*** ... Cat schluckte und blickte auf ihr Gericht. Die frischen Farben ihrer Filetspitzen-Sommerplatte verschwammen. Hektisch blinzelte sie und rieb sich verstohlen über die Augen, tat aber so, als würde sie eine ihrer dunkelbraunen Locken zurück unter die Kochmütze stecken.
"Katrin ..."
Who?
Einer der Juroren flüsterte dem Sprecher etwas ins Ohr.
"Entschuldigung! Catherine Wilde ... für ihre Filetspitzen-Sommerplatte ..."
Me?

---

over vorbei

Cat sah auf – in die bestätigenden Mienen der Jury-Mitglieder. Sofort sprang ihr Blick ins Publikum. Ihre Mutter jubelte. Jemand drückte Cat einen Blumenstrauß in den Arm und sicher ein Dutzend Hände streckten sich ihr entgegen, die sie schütteln sollte.
Ein Fotograf rief ihr zu: "Catherine! Hier – schauen Sie in die Kamera! Catherine? Machen Sie Ihre schönen blauen Augen mal ganz weit auf! Und lächeln!"
Tapfer versuchte Cat, den Fotografen anzustrahlen. Glückwünsche rauschten über sie hinweg, ihre Schulter wurde getätschelt und wieder und wieder drückte jemand ihre Hand.
I won? I really won?! Dabei bestand ihre ganze Erfahrung doch nur darin, dass sie ihrer Großmutter im Landgasthof beim Kochen geholfen hatte ...
Marie Wilde drängte die Anwesenden zur Seite. Ein wenig als müsse sie ihre Tochter schützen, nahm sie Cat fest in den Arm.
"Mama", sagte Cat nur leise. Jetzt hatte sie einen Kloß in der Kehle. *No! I promised Daddy I wouldn't cry!*
Ihre Mutter ließ sie los und zückte ihr Handy, sicher um Cats Vater am Flughafen anzurufen und ihrer Schwester Melanie eine SMS zu schreiben.
Incredible!, dachte Cat. Ich habe es geschafft! Oma Käthe würde jubeln!
Ihre Großmutter war im März gestorben und Cat vermisste sie fürchterlich. Jetzt wäre Oma Käthe sicher stolz auf sie.

---

incredible unglaublich

Langsam legte sich der Trubel um Cat. Doch plötzlich fasste jemand nach ihrem Arm und brachte sie beinahe aus dem Gleichgewicht.
"Excuse me. My name is Wilson, Jacob Wilson. We have to talk. Can you understand me? Do you speak English?", sagte eine brummige Stimme, und als Cat sich nach demjenigen umsah, der ihren Arm umklammert hielt, blickte sie in ein strenges, undurchdringliches Gesicht, das Ähnlichkeit mit dem einer Bulldogge hatte.
"Yes", flüsterte sie erschreckt, "I speak English. My father's from **Scotland**."
Cats Vater Richard war als junger Mann mit der Royal Air Force hergekommen, um auf dem Stützpunkt der englischen Luftwaffe zu arbeiten. Nach dem Weggang der Truppe war der Stützpunkt zum Privatflughafen umgebaut worden. Glücklicherweise hatte der neue Betreiber Richard Wilde noch während des Flughafenumbaus eine Stelle angeboten.
Mit ihrem Vater hatten Cat und ihre ältere Schwester Melanie immer Englisch, mit ihrer Mutter und in der Schule natürlich Deutsch gesprochen.
"I thought you would, **because of** your name", fuhr der Mann fort. "Well, first of all: **congratulations**!"
"Thank you, Mr Wilson."
"That's **Chef** Wilson to you", korrigierte er sie.

Scotland Schottland
because of wegen
Congratulations Herzlichen Glückwunsch
(head) chef (Chef)koch

"Sorry – Chef Wilson." Cat legte den Blumenstrauß auf einen Stuhl und atmete tief durch.
Wilson musterte sie streng. "What, **exhausted** already?"
"A bit."
"**After** working for just half an hour?"
"Well, I – I was very nervous", stammelte Cat, in deren Kopf nun Stolz und Scham durcheinanderpurzelten. "Did you want to talk to me about something, Chef?"
Wieder erntete Cat ein Stirnrunzeln.
"It's just **coincidence** that I'm here at all. I was visiting a **colleague** who **used to** work at the **air force base.** He's now head chef at a restaurant near here, and he was asked to **judge** this competition, so I said I'd come with him. I can't believe I was so stupid. My **taste buds** are in shock." Er schüttelte sich. "Listen, **whatever** your name is ..."
"It's Cat", platzte es aus Cat heraus, was Wilson mit einem leicht genervten Blick quittierte. "Er ... Chef."
"Cat?", fragte der Koch nach.
"Catherine. But people call me Cat."
"Fine", gab Wilson etwas abfällig zurück. "Well, listen, Catherine. You made a lot of mistakes, but you were

---

exhausted erschöpft
after nachdem
coincidence Zufall
colleague Kollege
sb used to do sth jd hat früher etw getan
air force base Luftwaffenstützpunkt
to judge bewerten
taste bud Geschmacksnerv
whatever was auch immer

the only one here whose **cooking** was halfway acceptable."
Halbwegs annehmbar?!
"I haven't actually had any training", sagte Cat. "I just used to help my grandmother." Leider klang das nicht sonderlich selbstbewusst.
"**Thought so**", meinte Wilson knapp. "So come to Aberdeen for a month and work for me, at the Crown."
Er griff in die Innentasche seiner Tweedjacke und förderte einen burgunderfarbenen Prospekt zu Tage.
"The Crown" lautete die zartgeschwungene Überschrift. Gleich darunter prangten zwei Sterne und Cat hielt beeindruckt die Luft an. Ihre Großmutter war mit einem Stern in den Michelin aufgenommen worden. Ein Stern verhieß sehr gute Küche, zwei Sterne hatten Restaurants, deren Köche zu den besten ihres Fachs gehörten und ein dritter Stern bedeutete, dass die Küche wahnsinnig gut war.
Kaum zu glauben, aber dieser Chef Wilson war anscheinend ein Sternekoch! Das Crown präsentierte sich in dem Faltblatt als liebevoll restauriertes altes Backsteinhaus, das sich an eine typisch britische Häuserzeile schmiegte. Links und rechts neben der gläsernen Eingangstür thronten zwei Buchsbäumchen in schneeweißen Kübeln.
"I expect a lot of my **staff**. You'll have to work hard, but if you're good there's a chance I might offer you a **pos-**

---

cooking Kochkunst
Thought so. Hab ich mir gedacht.
staff Personal

ition as an **apprentice**. I'll pay you a hundred pounds for the month. You'll live in staff **accommodation,** and you'll eat **for free**, but if you waste **ingredients** I**'ll take** the money **off** your **salary**. You can learn by **assisting** my apprentice."

Cat konnte kaum so schnell denken, wie die Worte über sie hinwegrauschten.

"Thank you", stammelte sie. "I'll have to talk to my parents, though. I need their permission."

"I'm flying home today. Tell your parents they can reach me at the restaurant tomorrow night." Schon wandte sich der Meisterkoch zum Gehen, doch er drehte sich über die Schulter noch einmal um und grinste. "**Well done**, girl."

"Thank you, Chef", sagte Cat überrumpelt.

"The Crown's a two-star restaurant, Daddy", rief Cat nur eine Stunde später von der Anrichte zum Esstisch hinüber und murmelte vor sich hin: "So eine Chance kriege ich nie wieder."

Cats große Schwester Melanie hatte ihr Notebook vor sich stehen und studierte die Website einer Fluggesellschaft. Melanie sah ihrem Vater sehr ähnlich, so wie sie

---

position Stelle
apprentice Auszubildende
accommodation Unterkunft
for free gratis
ingredient Zutat
to take off abziehen
salary Gehalt
to assist assistieren
Well done. Gut gemacht.

jetzt ihre hellblauen Augen zusammenkniff und skeptisch den Kopf zur Seite legte.
“The flights are quite cheap,”, stellte sie fest, “because the **exchange rate**’s **in our favour**. You could get one for about one hundred and twenty euros. She has to fly to London Heathrow first, then **on** to Aberdeen.”
Nun gesellte sich auch Marie Wilde dazu und warf im Vorbeigehen einen missbilligenden Blick auf Cats wilde Mähne.
“Cat, kämm dich endlich! Man kann immer noch sehen, wo deine Kochmütze saß.”
Mit ihren Töchtern sprach Marie Wilde meistens deutsch – trotzdem hörte Cat ihr nicht zu. Sie richtete den Salat fürs Abendessen an, blickte aber immer wieder verstohlen zum Esstisch hinüber und versuchte, die wechselnden Gesichtsausdrücke ihres Vaters zu deuten, der im Prospekt des Crown herumblätterte.
Es hatte schon Monate gedauert, ihre Eltern davon zu überzeugen, dass eine Ausbildung in professioneller Gastronomie ihr viel lieber wäre, als nach der Mittleren Reife weiter zur Schule zu gehen. Cat wusste nur zu gut, dass sie die ganze Sache vergessen konnte, wenn ihr Vater etwas einzuwenden hatte.
“It’s **a long way** away”, murrte Richard Wilde, als antworte er auf Cats unausgesprochene Befürchtungen.

---

exchange rate Wechselkurs
in our favour zu unseren Gunsten
on weiter
a long way weit

"But your sister Josephine lives in Edinburgh. She can visit Cat and **make sure** everything's all right", widersprach Cats Mutter prompt. "And if there are any problems, she'll put her on the next flight home." Sie zwinkerte Cat aufmunternd zu.
Cat runzelte noch immer nachdenklich die Stirn, als sie das Baguette in den Ofen schob.
"Please could you fetch us a bottle of water from the cellar, Richard?", wandte sich Marie Wilde an ihren Mann.
Melanie stellte das Notebook neben sich auf die Eckbank und nahm ihrem Vater den Prospekt ab. Neugierig betrachtete sie das Foto vom Gastraum. Designermöbel, eine schneeweiße Tischdekoration mit teuren Blumen und Kerzen, viereckige Platten, Kristallgläser. Das alles sah edel und exklusiv aus.
"Kann Cat da überhaupt was lernen?", meinte sie zu ihrer Mutter und grinste. "Man sagt doch, Briten hätten keine Ahnung vom Kochen."
"Das gilt doch nicht für die Haute Cuisine", rief Cat genervt. Sie machte mal wieder den Fehler, Melanies Frotzeleien zu ernst zu nehmen. "Tim Mälzer hat im Londoner Ritz gelernt!"
Melanie blätterte weiter und lächelte hintersinnig. "Ah, jetzt verstehe ich! Wenn ich mit so einem Schnuckelchen zusammenarbeiten dürfte, würde ich auch sofort zusagen."
Cat kam gerade mit dem duftenden Brot an den Tisch und starrte ihre Schwester verblüfft an.

---

to make sure sicherstellen

“Wer? Wilson?”, fragte sie.
“Doch nicht der Chef!” Melanie lachte und tippte auf das Foto. “Hier – der Azubi – ‘Andrew Paxton’. Ist der hübsch! Er sieht aus wie eine Mischung aus David Beckham und Justin Timberlake!”
“Wirklich?”, fragte Marie Wilde und setzte sich zu ihrer Tochter aufs lange Ende der Eckbank. “Stimmt!”
“Komm schon, gib’s zu, du willst nur deshalb dahin”, stichelte Melanie weiter. Sogar ihre Mutter kicherte jetzt.
“Gott, seid ihr doof!” Wenn Cat sich ungerecht behandelt fühlte, fuhr sie sofort aus der Haut. Jetzt passte ihr Spitzname wieder richtig gut.
“Miiiaauuuu!”, spottete Melanie, wie immer.
“Wisst ihr, wie wenige Sterne-Köche es gibt?”, beschwerte sich Cat und fiel ins Englische: “It’s an **honour** to be asked to work in a two-star kitchen! I’ll never get to train in a restaurant of that **standard** here – **I’ll** probably **end up** working in the **snack bar** at the airport!”
Ihre Mutter seufzte. Leider hatte Cat Recht. Nach dem plötzlichen Tod von Oma Käthe im Frühjahr und der Schließung des Gasthofs hatte Cat über Nacht ohne Ausbildungsplatz dagestanden. Notgedrungen hatte sie angefangen sich zu bewerben. Doch alle besseren Restaurants der Gegend hatten ihre Verträge fürs

---

honour Ehre
standard Niveau
to end up enden
snack bar Imbissstube

nächste Jahr schon abgeschlossen und Cat hatte lauter Absagen bekommen.
Richard Wilde kam aus dem Keller und stellte zum Wasser eine Flasche Wein. Anscheinend hatte er Cats Ausbruch mit angehört. “We should celebrate”, meinte er und lächelte seine Tochter an. “I’ll call this Chef Wilson tomorrow and tell him Cat can go.”
Cat sprang auf, rannte auf ihren Vater zu und umarmte ihn. “Thank you so much, Daddy! **I owe you one!**”
“**Mushrooms** in **garlic** and cream!”, bestellte ihr Vater lächelnd und drückte Cat fest an sich.
“Freu dich, Schnucki”, sagte Melanie leise zu dem Foto, von dem die Crew des Crown jetzt an die Decke des Esszimmers lächelte. “Unser Kätzchen kommt.”

Beim Einchecken hatte Cat dann doch noch ein mulmiges Gefühl bekommen. Vor allem, als sie ihre Familie verabschiedet hatte, war ihre Kehle staubtrocken gewesen vor lauter Nervosität.
Am I crazy?, fragte sie sich zum hundertsten Mal und versuchte gleichzeitig, aus dem Gefuchtel der Flugbegleiter da vorne schlau zu werden. *I’m not good enough to work in a two-star kitchen. And Chef Wilson is so stern!*
Das Flugzeug rollte an. Die rasante Beschleunigung drückte Cat in den Sitz und ließ ihr einen Moment den

---

I owe you one. Du hast was gut bei mir.
mushroom Champignon
garlic Knoblauch
stern streng

Atem stocken. Doch die Maschine hob mühelos ab. Cat wurde es plötzlich ganz leicht ums Herz. *I'll never forget this moment*, schoss es ihr durch den Kopf. *Take-off into a whole new life ...*

Die Häuser unter ihr wurden kleiner und kleiner, bis sich die Landschaft in ein Miniaturwunderland verwandelte. "You're the only one here whose cooking was halfway acceptable." Das war bei Chef Wilsons bärbeißiger Art wahrscheinlich schon ein großes Kompliment.

Cat schlug den Prospekt des Crown auf. Die Restaurantküche sei unterbesetzt, hatte Wilson gegenüber Cats Vater zugegeben. Auf dem Foto stand neben ihm und zwei anderen Köchen ein zierliches blondes Mädchen – die Küchenhilfe Sunny Quaid, etwa so alt wie Cat. Sunny grinste frech in die Kamera. Sogar Wilson zeigte auf dem Foto alle Zähne. Seine fülligen Wangen warfen Falten beim Lächeln.

Tatsächlich sah Andrew Paxton, groß, schlank und blond, am freundlichsten aus. Er hatte die Arme über der Brust verschränkt, wirkte tatkräftig und lächelte selbstbewusst, aber nicht eingebildet. Er konnte höchstens zwei Jahre älter sein als sie – wahrscheinlich war er besonders talentiert. "I expect a lot of my staff", hatte Wilson ja gesagt.

First Day

Eine dünne Frau mit streng gescheitelten, halblangen blonden Haaren in einem hellblauen Kostüm erwartete Cat am Flughafen. Sie winkte mit dem Prospekt des Crown und musterte Cat abschätzig von oben bis unten.

"You're late!", begrüßte die Frau Cat vorwurfsvoll. "I'm Margaret Wilson. My husband's busy; he made me come and pick you up." Sie ließ ein verärgertes Schnauben hören. "I thought your plane would never land!"

Das Flugzeug konnte wegen eines Gewitters nicht planmäßig, sondern erst eine gute halbe Stunde später landen.

"Sorry", sagte Cat überfordert, obwohl sie ja für das schottische Wetter nun wirklich nicht verantwortlich war. Sie versuchte ein Lächeln und hielt Mrs Wilson die Hand hin. "I'm Catherine Wilde. Nice to meet you."

Mrs Wilson aber ignorierte die Hand; stattdessen hatte sie ihr Handy aus der Tasche gezogen und tippte hastig eine SMS. "We'll **really** have to hurry now, because you **got** here so late. There's a **conference** in town and the restaurant opens …", sie warf einen Blick auf die große

---

really echt
to get somewhere irgendwo ankommen
conference Konferenz

Uhr im Flughafengebäude, "... now", stöhnte Mrs Wilson. "Have you got your **luggage**?"
Cat nickte schnell.
"Come on! Quick!" Und schon hatte Margaret Wilson sich auf dem Absatz umgedreht und rannte auf den Ausgang des Gebäudes zu, sodass Cat sich beeilen musste hinterherzukommen.

Kurze Zeit später stand Cat bereits vor Chef Wilson, der offenbar unter Starkstrom stand.
"There you are! At last!", stöhnte er, statt sie zu begrüßen, geschweige denn willkommen zu heißen.
Sie hatten von einem Parkplatz am Straßenrand bis hierher zum Hintereingang des Restaurants rennen müssen. Mrs Wilson war vorausgelaufen und hatte ihren Schirm wohlweislich für sich behalten. Aus Cats Haaren und Jacke tropfte Wasser auf den Boden der Schmutzschleuse.
"It's not my **fault**!", keifte Mrs Wilson beleidigt. "Her flight was delayed." Sie wies nach draußen, wo heftiger Regen von starken Windböen über den Hinterhof gepeitscht wurde.
Ein Mann in schwarzer Livree stürmte in die Küche durch die Schwingtür auf der anderen Seite und brüllte anscheinend eine Bestellung zum Herd hinüber. Cat bekam nur Fetzen mit: "Turkey ... **roast beef** ... salad, no dressing!"

---

luggage Gepäck
fault Schuld
roast beef Rinderbraten

Eine Männerstimme kommandierte: “Sunny, tomatoes!”, doch von ihrer Position aus konnte Cat nicht erkennen, zu wem sie gehörte. Cat sah nur den Rücken eines weiteren Kochs, der in atemberaubendem Tempo arbeitete.
“Give her some **whites** and show her her room, then get her down here! I need all hands **on deck**. Hurry up!”, blaffte Wilson seine Frau an, bedachte Cat noch mit einem grimmigen Kopfnicken und verschwand blitzschnell wieder hinter seinem Herd.
“You heard him! Follow me”, zischte Mrs Wilson und wies auf eine zweite Tür, die von der Schleuse aus in einen Flur führte.
Der halbdunkle Gang mündete in einer schmalen Treppe und erinnerte Cat an einen Dienstbotenaufgang. Im Obergeschoss jedoch gab es eine geräumige Diele mit großen Fenstern. Auf der linken Seite waren zwei Zimmertüren und ganz am Ende ging es, wie Cat später bemerkte, zur Wohnung der Wilsons.
Margaret Wilson zog einen Schlüssel aus der Tasche ihrer Kostümjacke, gab ihn Cat und wies mit einem Schnaufen auf die erste der beiden Türen. Schnell schloss Cat auf.
Das Zimmer gefiel ihr sofort. Es war hell und die angenehmen Farben im Tapetenmuster wirkten beruhigend und vertraut.
“It’s lovely!”, sagte Cat überrascht.
“Of course. I decorated it.”

---

whites weiße Arbeitskleidung
on deck an Deck

An der linken Wand stand ein schmales Bett mit einem verschnörkelten Kopfteil aus Messing und einer dunkelroten Tagesdecke, es gab einen schönen Holzschrank, eine Truhe am Fußende des Bettes, einen honigfarbenen Sekretär und eine Kommode, auf der eine Vase mit frischen Blumen stand. Gegenüber vom Bett führte eine Tür, die halb offen stand, in ein kleines Duschbad. *My own bathroom*, dachte Cat erleichtert.
"Leave your luggage here, **get changed**, go **straight** down to the kitchen and **report to** my husband." Cat stellte ihren Koffer vors Bett. So schnell wie möglich zog sie sich um und rannte die schmale Stiege hinunter.

Kaum wieder in der Küche angekommen, bekam Cat von Chef Wilson eine frische Schürze in die Hand gedrückt. Er tappte ungeduldig mit dem Fuß auf, während er ihr beim Umbinden zusah. Gerade als Cat fragen wollte, was zu tun sei, drückte ihr die kleine blonde Küchenhilfe schon mit abweisender Miene eine große Kiste Pflücksalat in die Arme.
"Wash it. And then **quarter** the tomatoes." Sunny wies mit einer wedelnden Handbewegung auf zwei Gemüsekisten, die neben der Spüle am Schneidetisch standen.
"Okay", sagte Cat verblüfft.

---

to get changed sich umziehen
straight direkt
to report to sb sich bei jdm melden
to quarter vierteln

"Soup: ready!"
"Beef ... just rice ... three salads, one without vinegar ...", hörte Cat von der Schwingtür her. Sie hatte inzwischen Salat gewaschen, Tomaten geviertelt, Blumenkohl geputzt, Gurken geschält ...
Sunny rannte zwischen den verschiedenen Stationen in der Küche hin und her, trug Gemüse zur Spüle, brachte Schüsseln an den Herd und kommandierte wieder irgendwas.
"The US **military** is now preparing to ...", quakte das Radio über der Spüle.
"Sunny, ham", bellte Wilson.
"Where's the cauliflower?", rief der Souschef dazwischen.
Beiläufig hatte Cat mitbekommen, dass er Leonard mit Nachnamen hieß und sein Beikoch von allen nur "Wiggle" gerufen wurde. Vielleicht weil er immer im Takt der Musik mit dem Kopf wackelte?
"Cat, Cauliflower!", brüllte Sunny über die Sportnachrichten hinweg.
Jetzt plärrte der Nachrichtensprecher, dass der Vorstand von Manchester United entschieden habe, einen deutschen Nationalspieler zu kaufen.
"Over here!", gab Cat verwirrt zurück. Genervt kam Sunny zu ihr an die Spüle gerannt und nahm die Schale mit zum Anrichtetisch. Hätte Cat ihr das Gemüse bringen sollen?

---

military Militär

Wieder stürmte einer der Kellner herein und brüllte etwas in Richtung Kochstationen. Sehen konnte Cat die Köche nicht, denn zwischen ihrem Arbeitsplatz und den Kochstellen standen zwei mannshohe Backöfen.
Ihr Blick wischte zur Uhr hinüber – kurz vor drei und längst taten ihr die Oberarme und Hände weh. Rumms! Cat zuckte zusammen, Sunny hatte ihr ein großes Stück gekochten Schinken auf den Schneidetisch geknallt.
"**Dice** it!"
"What kind of **cubes** do you need?", fragte Cat und blickte von dem Käse auf, den sie gerade in Scheiben schnitt. Doch schon war die Küchenhilfe wieder verschwunden.
"... heavy rain showers across the north-east ...", verkündete der Nachrichtensprecher.
Verzweifelt starrte Cat den Schinken an. "Sunny? How big should the cubes be?", versuchte sie über den Radiolärm hinweg zu brüllen. Wenigstens stand jetzt endlich die Schwingtür still.
"Problem?", fragte da jemand neben ihr. Cat drehte sich um und sah in hellgraue Augen unter dichten Brauen. Der Auszubildende – er sah genau so aus wie auf dem Foto. Sogar das jungenhafte Lächeln stimmte.
"Hi. I'm Andy. They**'ve** really **thrown** you **in the deep end**, haven't they?" Er grinste, nahm Cat das Messer ab und schnitt eine Scheibe vom Schinken ab, die er

---

to dice würfeln
cube Würfel
to throw sb in the deep end jdn ins kalte Wasser werfen

erst in feine Streifen und dann in Würfel zerteilte. “We need small cubes.”
“Thank you”, sagte Cat erleichtert.
Andy lachte, zwinkerte ihr zu und warf einen Blick auf die Uhr. “Lunch is nearly over”, meinte er. “The restaurant’s closed then until six, so we’ve got **a couple of** hours to relax. I’ll explain everything and show you around, okay?”
Cat nickte matt, schnitt schnell noch mehrere gleichstarke Scheiben des Schinkens ab, stapelte sie übereinander und teilte sie in Streifen, dann in die verlangten Würfel.
“Good. Wilson told me that you had some experience”, meinte Andy, der ihr aufmerksam zugesehen hatte. “He was quite excited about the German girl who beat all the others. Seems he **was**n’t **exaggerating** – it looks as if you really know what you’re doing.”
“I’m not so sure about that”, meinte Cat.
Andy zog ein “Ach-was”-Gesicht und Cat konnte irgendwie nicht anders als ihn anzulächeln.
“Tea, juice or water?”, fragte er.
“I’m dying for a cup of tea.”
Kaum hatte sie den Satz zu Ende gesprochen, da schoss Sunny hinter den Öfen hervor und drückte ihr mit grimmiger Miene eine riesige Teedose in die Arme.
“Here you are”, meinte sie im Feldwebelton. “You can make tea for all of us.”

---

a couple (of) ein paar
to exaggerate übertreiben

Kurze Zeit später saß Cat über einem Teller Suppe am Personaltisch, der etwas versteckt im Gastraum stand. Um diese Zeit, es war halb vier, kamen tatsächlich nur wenige Gäste, die von den Kellnern am Kuchenbüfett bedient wurden. Außer bei Bedarf Sandwiches anzurichten, gab es kaum etwas zu tun.

Andy nahm einen Schluck Tee und begann ein bisschen boshaft zu grinsen. “Your tea is better than Sunny’s”, flüsterte er Cat zu, aber die winkte lächelnd ab.

“My dad always complains about my tea.”

Wilson hatte sich zwischenzeitlich umgezogen und stand im Mantel in der Hintertür. Er bellte ein paar Anweisungen, die Andy gelassen mit “Yes, Chef, don’t worry” beantwortete.

Auch Sunny hatte Schürze und Mütze abgelegt und winkte, bevor sie ihre Jacke überwarf. “’Bye everybody, see you tomorrow”, trällerte sie – anscheinend konnte sie auch freundlich sein.

“Sunny has to go to the dentist”, erklärte Andy, “and Wilson is taking Wiggle with him to do some shopping, so it’s just us and the sous-chef tonight.”

Anscheinend sah Cat erschrocken aus, denn Andy fügte gleich hinzu: “Don’t worry. It’s Tuesday, and it’s raining – we won’t have many guests.”

Cat unterdrückte ein erleichtertes Aufatmen.

“You’re not used to **time pressure**, are you?”, fragte Andy.

---

time pressure Zeitdruck

"No. My grandmother usually showed me how to do things when the restaurant was empty, or closed."
"It looks **chaotic** if you're not used to it, but we're actually very organized." Er wies in den Gastraum. "We have eighteen tables and two waiters, Morty and Roger. They write down the new **orders**, bring them in here and leave them on the board. Wilson, the sous-chef, Wiggle and I always **coordinate** our work in the morning. I worked with my father before this, so Wilson gave me some extra **responsibilities**. He needed the help, anyway. He expects us all to know exactly who's **responsible** for what, so if the waiter **calls out** 'Chicken', for example, you'll know if it's your job to prepare it."
"Ah", machte Cat. Das war ja nur logisch. Die beiden räumten ab und gingen in die Küche.
"So **listen closely** to the waiters and read the orders when they come in. Then you can **remind** me if there are any special requests." Andy drehte sich zu einem breiten Regal, in dem einige Küchengeräte und eine Aluminiumbox standen. Die griff er heraus und zeigte Cat eine Rezeptkarte, auf der eine Art kleine Pyramide aus Filetstreifen zu sehen war. Er deutete auf das Bild mit dem Gemüse, der Soße und der an den Rändern kunstvoll aufgespritzten Kräuterbutter.

---

chaotic chaotisch
order Bestellung
to coordinate koordinieren
responsibility Verantwortung
responsible verantwortlich
to call (out) rufen
to listen closely genau zuhören
to remind sb of sth jdn an etw erinnern

"I know what we need, and I'll tell you when we need it."
"It was so loud in here this afternoon that I'm afraid I won't hear the orders", gab Cat verlegen zu.
"**Just concentrate** on what I tell you to do. Wilson has Sunny to help him; they won't usually ask you to do anything. You'll have enough to do assisting me."
Innerlich atmete Cat auf. Also hatte ihr Sunny Arbeit aufgedrückt, die sie eigentlich selber hätte machen müssen. Andy grinste sie an. Anscheinend wusste er genau, was hinter ihrer Stirn vor sich ging.
"Don't worry about Sunny", meinte er. "It's just the way she is with new people. Usually it's just Wiggle and me. Sunny **helps out** at the weekends, and after school sometimes. But now the summer holidays have started, so she's here all day. Everybody in Wilson's family is in **catering**. She's his **niece**, and she's worked in his restaurants since she was old enough to hold a knife."
Just like me, dachte Cat. *She must love it*.
"So she feels she has to **keep up** the family tradition. And Wilson always likes to say: **'Treat 'em rough, make 'em tough.**'"
Cat kicherte ein bisschen.

---

just einfach
to concentrate sich konzentrieren
to help out aushelfen
catering Gastronomie
niece Nichte
to keep up aufrechterhalten
Treat 'em rough, make 'em tough. Behandel sie schlecht, mach sie stark.

Unternehmungslustig grinste Andy sie an. "Let's see how we work together", schlug er vor. "We**'ll take a look at** the menu first, okay?" Andy griff in eines der Borde neben der Vorratskammer und reichte Cat die Abendkarte. Die Karte las sich wie ein Gourmetführer und Cat war beeindruckt.
"Any suggestions **as to** how we can work faster?", fragte Andy. "We have to prepare the soups and salads, remember."
Cat warf einen Blick auf den Herd und den großen Kessel. "The **soup base** is in there, isn't it?"
Andy lächelte sie an und nickte.
"I can clean the vegetables and **herbs** you need for the cauliflower cream, and I can **arrange** the salad."
Wieder nickte Andy zufrieden. "Don't prepare too much salad. You don't want it to **wilt**. Our guests expect high standards."
Cat warf noch einen Blick auf die Abendkarte. Feldsalat mit Minz-Vinaigrette.
"The **cold store** is over here."
Andy wies auf eine große Tür mit aufrecht stehendem Griff und ging voraus. Gleich daneben befand sich der Vorratsraum und Andy erklärte ihr, wo was zu finden

---

to take a look at sth einen Blick auf etw werfen
as to bezüglich
soup base Basissuppe
herb Kraut
to arrange anrichten
to wilt welken
cold store Kühlraum

war. Alle Zutaten, die sie für die Vorbereitungen brauchten, nahmen sie gleich mit in die Küche.
“Just one more little thing, before we start”, sagte Andy und warf einen Kontrollblick auf die Uhr – viertel nach fünf, höchste Zeit anzufangen. “If I ask for ingredients, I’ll say, for example: ‘Cat – rice!’. When you’ve prepared it you just put it on my **work station** and say, ‘Rice is ready.’ Okay?”

---

work station Arbeitsplatz

Kitten

Andy hatte nicht übertrieben. Es gab für Cat immer irgendetwas zu tun, obwohl sie so schnell und so konzentriert wie möglich arbeitete. Zuerst hörte sie nur hin, was er brauchte, aber als es ab neun Uhr ruhiger in der Küche wurde, begann sie, auch auf die Rufe der Kellner zu achten, und bekam mit, was geordert wurde. Bald konnte Cat erahnen, was Andy als Nächstes brauchen würde. Gegen halb zehn trudelte die letzte Bestellung ein, und da Andy schwieg, begann Cat schon einmal damit, ihre Messer und alles, was sie sonst benutzt hatte, in die Spülmaschine zu räumen. Sie säuberte die Arbeitsplatten gründlich, putzte die Spüle und warf dann einen Blick auf die Kochstelle. Die Suppe schien heute nicht mehr gebraucht zu werden. Als sie den Suppenkessel aber in die Kühlkammer bringen wollte, schüttelte Andy den Kopf, ohne vom Herd aufzusehen.
"Please leave it here. I want to **try** something **out** later."
Nur wenig später legte er das letzte Stück Huhn auf den garnierten Teller, den sie ihm anreichte. Schnell trug Cat das Gericht zum Wärmetisch hinüber, drückte den Knopf für das kleine Licht im Gastraum, das den Kellnern eine fertige Bestellung anzeigte, und sammel-

---

kitten Kätzchen
to try out ausprobieren

te dann Andys Löffel und Schüsseln neben dem Herd ein.

Der sah sich überrascht um. "Wow – you're an angel! You**'ve cleaned up** already."

Sie wies auf den Suppentopf, den sie hatte stehen lassen sollen.

"What about the soup?", fragte Cat schnell, um zu verbergen, dass das Lob sie verlegen machte.

"Well, I**'ve entered** a competition for young chefs. I want to go to a very good **cookery school**, and you need to have won prizes or have something else that **will recommend** you. The name 'Paxton' **certainly** isn't going to help."

"Why do you say that?"

Andys Wangen röteten sich und er blickte betreten in die andere Richtung. "Long story."

Es entstand ein kurzer peinlicher Moment des Schweigens.

"So, what do you want me to do?", fragte Cat schließlich, betont unternehmungslustig.

Überrascht zog Andy die Brauen hoch. "You want to stay? But you must be tired."

"Not at all. It was an exciting day, and I won't go to sleep easily. I'd like to assist you, if that's okay. I'm here to learn, after all."

"Well, that's really nice of you."

---

to clean up sauber machen
to enter hereinkommen
cookery school Kochschule
to recommend empfehlen
certainly ganz sicher

"It was nice of you to make me feel welcome."
Er lachte auf. "Welcome? You**'ve been working flat out** since the minute you arrived!"
Cat zuckte die Schultern. "That's what I came for."
Nun bekamen seine Augen ein ganz besonderes Leuchten. "You really love cooking as much as I do, don't you?"
"Yes. I've never wanted to do anything else", sagte Cat prompt.
Er nickte, holte einen Holzkasten mit Deckel, der ganz oben auf einem der Regale stand, und packte ihn auf die Arbeitsplatte.
"My father's **recipe** box", erklärte er leise. Er blätterte eine Weile, zog ein eng beschriebenes Kärtchen heraus und reichte es Cat. Das Basis-Rezept für eine französische Zwiebelsuppe. Cat prägte sich die Zutaten und Arbeitsschritte ein und gab Andy die Karte zurück.
"Just put it back. I know it **by heart**", meinte er.
Cat wunderte sich über das tiefe Seufzen, das Andy diesem Satz hinterherschickte, aber sie traute sich nicht nachzufragen. Stattdessen beeilte sie sich, alle Zutaten herbeizuholen.
Bald zog ein so verheißungsvoller Duft nach in Weißwein schmorenden Zwiebeln durch die Küche, dass Cats Magen zu knurren begann.

---

to work flat out mit Hochdruck arbeiten
recipe Rezept
by heart auswendig

Fast im gleichen Augenblick sah Andy sie an. "You're very **pale** – are you all right?"
"I'm just hungry", gab Cat zurück.
Er schlug sich mit der flachen Hand vor die Stirn. "We didn't eat! I'm really sorry, Cat, I just forgot. I can be **such** a **workaholic** sometimes."
"Well, be happy I didn't **snarl at** you", nahm sich Cat selbst auf den Arm. "My big sister says I always snarl at her when I'm hungry."
"*Nomen est omen*?", meinte Andy grinsend. "I'd better **fill** your bowl, then, hadn't I, Kitten?"
Kätzchen?
"I'm not cute and **fluffy** enough to be a kitten", sagte sie lächelnd. *Aaarrgh – what am I talking about?*
"Come on – I **bet** you **purr** sometimes, **as well as** snarling!", meinte Andy und lachte. "So, what would you like to eat?"
"It's fine, I'll make **myself** something", wehrte Cat ab.
"No, let me do it. I **feel guilty** now."
"It's fine, really. Just make your soup."

---

pale blass
such so
workaholic Arbeitssüchtiger
to snarl at sb jdn anfauchen
to fill füllen
fluffy kuschelig
to bet (bet, bet) wetten
to purr schnurren
as well as genauso wie
myself mir
to feel guilty ein schlechtes Gewissen haben

Schon holte sie Zwiebeln, Champignons und Zucchini aus der Kühlung und setzte entschlossen eine Pfanne auf die zweite Kochstelle.
"I'm not making anything special", fügte sie hinzu, als Andy ihr einen fragenden Blick zuwarf. "Just scrambled eggs."
Wenig später reichte Andy Cat eine der flachen kleinen Schalen, die sie wie Löffel zum Probieren benutzten.
Cat tunkte sie in die Brühe, schloss die Augen und nahm sich Zeit, den Aromen nachzuschmecken. "Mmm, I like it. Black pepper, fresh **thyme** and a bit of ... is it **ginger**?"
Er nickte. "It's not too **spicy**, is it?"
Sofort schüttelte Cat den Kopf.
Dennoch musterte Andy die goldgelbe Brühe ein bisschen nachdenklich. "It looks too simple ... it needs some kind of decoration." Neugierig wandte er sich Cats Pfanne an der zweiten Kochstelle zu. Die Eimasse war luftig und gerade goldgelb genug, um sie anzurichten.
"You call that scrambled eggs? This is a perfect omelette", meinte er kopfschüttelnd. "And you used a **serrated knife** for the vegetables?!"
Cat wurde ein bisschen verlegen, doch er fügte lachend hinzu: "I've got the same problem", bekannte er. "I'm a perfectionist – I can't just cook things simply."

---

thyme Thymian
ginger Ingwer
spicy würzig
serrated knife Messer mit Wellenschliff

"I hope you're hungry too?"
"Very hungry", gab er flüsternd zu, so als wäre das ein peinliches Geheimnis.
"It's enough for both of us." Bevor er etwas einwenden konnte, hatte Cat das Omelett schon halbiert. Andy verteilte seine Suppe in zwei Schalen und nur wenige Augenblicke später saßen sie schon am Personaltisch und genossen ihr spätes Abendessen. Nach einer Weile atmeten beide erleichtert durch.
Plötzlich lachte Andy leise. "Do you know why so many cooks are fat? It's a quarter to eleven already. We always eat at such **unhealthy** times." Dann zwinkerte er Cat zu und meinte: "Thank you, Kitten. The omelette was great! And thanks **a lot** for your help today, **as well.**"
Bescheiden machte Cat eine gleichgültige Geste. "That's okay. I think I might bring in some of my grandmother's recipes to practise. I still can't make them the way she did. Perhaps she didn't write down all her little secrets."
"We'll find out", versprach Andy zuversichtlich. Anscheinend war er froh, dass er sich vielleicht bei Cat revanchieren konnte. Er räusperte sich. "It sounds as if you want to stay on after work with me at night?"
"Is that okay? You have more time to explain things after work."

---

unhealthy ungesund
a lot sehr
as well auch

Andy griff nach dem Geschirr, doch Cat winkte lachend ab, sprang auf, stapelte das Geschirr auf ihre Unterarme und trug es zur Spülmaschine.
"Don't let Wilson see you doing that or he'll make you **wait tables**", meinte er ein bisschen spöttisch.
"My sister calls me a 'plate taxi' when I do this at home", meinte Cat und Andy lachte noch immer darüber, als er sich schließlich umsah, die Küche für sauber befand und Cat zum Treppenhaus winkte.
"My room's next to yours", sagte er und gähnte hinter vorgehaltener Hand. "Good night, Cat. Sleep well."

Eine schnelle Dusche später nahm Cat die Tagesdecke von ihrem Bett, kramte müde ihr Handy aus der Tasche und stellte es eine Stunde zurück. Kaum berührte ihr Kopf das Kissen, war sie auch schon eingeschlafen.

---

to wait tables kellnern

Tomatoes Don't Lie

Am nächsten Morgen hielt Cat schon um neun Uhr nichts mehr in den Federn und so konnte sie sich Zeit lassen und sich in aller Ruhe fertigmachen. Sie schaltete ihr Notebook ein. Außer in einer kurzen SMS, dass sie gut angekommen war, hatte sie ihrer Familie noch nichts berichtet. Das musste schleunigst nachgeholt werden.

Hi everyone,
My first day here was great, although it was **pretty exhausting** *– so many new experiences …*

Gerade als Cat nachdenklich die Hände von den Tasten ihres Laptops nahm und überlegte, was sie ihrer Familie alles zu erzählen hatte, ertönte eine leise Glocke. Am unteren Bildschirmrand ging ein hellgrünes Fenster mit dem Namen und Bild ihrer Schwester auf.

Mel_thelamb: Good morning, little **sis**! *You* **'re up** *early! ;-)*

---

pretty ziemlich
exhausting erschöpfend
sis (= sister) Schwester
to be up wach sein

Schnell öffnete Cat das Chatfenster.

Blueeyed_Cat: Morning! I was just writing an email to the family :-)
Mel_thelamb: I'll tell Mum and Dad to check it later! How's it going?
Blueeyed_Cat: Fine. But I was working flat out yesterday – I **slept like a log**.
Mel_thelamb: Are they being nice to you?
Blueeyed_Cat: The apprentice was very nice. He showed me what to do and we worked well together.
Mel_thelamb: Is he the one in the photo? I told you he was a **cutie-pie**!
Blueeyed_Cat: Ha ha! I just mean that he's a good cook!
Mel_thelamb: How boring! ;-)

Cats Blick fiel auf die Laptop-Uhr. Höchste Zeit sich anzuziehen.

Blueeyed_Cat: I have to run. Give Mum and Dad a hug, will you? I miss all of you! CU!
Mel_thelamb: We miss you too! Don't forget to kiss the cook. Bye, sis – CU!

Sogar das gemeinsame Frühstück unten am Personaltisch verdiente einen Stern, doch Cat konnte sich nicht aufs Essen konzentrieren. Sie spitzte lieber die Ohren,

---

to sleep like a log wie ein Murmeltier schlafen
cutie-pie Schnuckelchen

denn Chef Wilson nutzte die Zeit für eine Arbeitsbesprechung. Sunny antwortete nur, wenn der Chefkoch das Wort an sie richtete, und sprach sonst mit niemandem. Andy ließ sich von ihrer Muffelei nicht abschrecken und sagte Sunny nachdrücklich, dass er Cats Hilfe brauche und sie ab jetzt wieder alleine klarkommen müsse.

Wenig später überließ Andy Cat sogar kurz den Herd, zeigte ihr ein paar Handgriffe und Tricks und erklärte geduldig, was sie besser machen konnte. Als ihr etwas danebenging, blieb er völlig gelassen.

Sunny hingegen meckerte ständig an ihr rum. Mal war ihr Cat angeblich im Weg, dann sollte sie schneller arbeiten. So viele Dinge waren gleichzeitig zu tun, dass Cat Mühe hatte, den Überblick zu behalten. Und wenn sie Pech hatte, grollte Wilson ihr auch noch eine strenge Bemerkung nach.

Das Mittagessen verging im Flug, schon schwang die Tür ein letztes Mal auf, das Blubbern und Klappern in der Küche verstummte und die Köche wischten über ihre Herde.

Auch Cat machte sich wieder ans Saubermachen und hatte es so schnell und gründlich erledigt, dass nicht einmal Sunny etwas zu meckern fand.

"Are you **satisfied** with your **assistant**?", knurrte Wilson misstrauisch, als er an Andys Kochstelle vorbeikam, während er seine Schürze abnahm. Der Anblick der blankgescheuerten Arbeitsplatte bewirkte zumindest

---

satisfied zufrieden
assistant Assistentin

ein Augenbrauenheben. Andy drehte sich zu ihm um, nickte und sah Cat dann strahlend in die Augen.
"More than satisfied!", meinte er. "I'm really pleased!"
Unwillkürlich musste Cat schlucken. Wie blöd, jedesmal wenn Andy etwas Lobendes sagte, wurde sie verlegen.
"Well, we can **call it a day** now", sagte Andy erleichtert zu ihr, als Wilson im Aufgang zur Treppe verschwunden war.
Ach, richtig, mittwochsabends war das Crown ja geschlossen. Sie hatten tatsächlich Feierabend!
Andy nahm Schürze und Mütze ab und fuhr sich ein paarmal durch die Haare. Ohne die 'Würde', wie Oma Käthe ihre Kochmütze immer genannt hatte, sah er jünger und so richtig unternehmungslustig aus.
"Would you like to come down to the sea with me?"
"The sea?", fragte Cat.
"Yes. We could visit the lighthouse and walk on the beach. Or I could show you around the town tonight, if you like. Aberdeen's not bad; there are some nice shops and a few interesting things to see."
"No, thanks", wehrte Cat ab. "I'd really like to see the beach first. I love the sea."
"So do I", meinte Andy lächelnd. "Well then, let's get changed. I'll meet you by the back door …" Er warf einen Blick auf seine Armbanduhr. Sie war flach, silbern, mit einem ganz breiten schwarzen Lederband. Das sah ziemlich cool aus, fand Cat.

---

to call it a day Feierabend machen

Huh? Did I just **admire** *someone's watch?!*
"... at four o'clock, okay?"
"Yes", meinte Cat, schneller als sie denken konnte. "That would be very nice."

"'That would be very nice'?! Is that all you have to say?", murmelte Cat ärgerlich, als sie die Tür ihres Zimmers hinter sich schloss. Sie zerrte sich ungeduldig das Samtgummi aus den Haaren und warf dann einen Blick in den Spiegel. "I look **like I've been dragged through a hedge backwards**!", regte sie sich auf. Sie zog ihrem Spiegelbild eine Fratze und schimpfte: "Kämm dich, Cat!"
Das tat sie ausgiebig und steckte sich die Haare hoch. Gott, sah sie langweilig aus, fand sie plötzlich. Mel nervte oft, dass Cat mehr auf ihr Äußeres achten solle, sie sähe sonst aus wie der Kapitän einer Damen-Eishockeymannschaft.
Vielleicht sollte sie sich wirklich ein ganz kleines bisschen stylen? So wie für den Wettbewerb? Da hatte ihr Mel gezeigt, wie das ging mit dem dezenten Schminken. Und sie hatte ja auch noch eine halbe Stunde Zeit. Zuerst also dieses afrikanische Puderzeug, das Mel ihr aufgedrängt hatte. Damit sah man frischer aus, ohne sich mit Make-up zukleistern zu müssen. Dann ganz wenig Kajal und noch Glanz auf die Lippen. Zum Schluss die Wimpern.

---

to admire bewundern
like one's been dragged through a hedge backwards als wäre man rückwärts durch eine Hecke gezerrt worden

Jetzt fand Cat sich schon etwas annehmbarer. Sie zog das Rollo im Bad hoch, denn Melanie hatte ihr eingeschärft, immer bei Tageslicht zu kontrollieren, ob sie nicht angemalt aussah. Cat traute sich und schminkte noch ein bisschen Kajal nach. Sie legte den Kopf schief. Hübsch.
Sie ging zurück ins Zimmer, sah in den Kleiderschrank und entschied sich für ein hellblaues Shirt, ihr Lieblingstuch mit dunkelblauem Blumenmuster, die engen Jeans und ihre knallblauen Sneaker. Dazu die dunkelblaue Wachsjacke, die ihre Mutter ihr fürs England-Wetter extra noch besorgt hat. Für einen Nachmittag am Meer sollte das in Ordnung sein.
Einen Augenblick lang fragte sich Cat, wozu sie eigentlich so einen Aufwand betrieb. Doch dann klappte nebenan die Zimmertür – ein Blick auf die Uhr, aha, er war ein bisschen zu früh dran. *Perhaps he's looking forward to meeting up, just like I am? But … no, that's crazy. He was probably just being* **polite** *when he asked if I wanted to go with him.*
Doch als sie die Treppe hinunterkam und Andy sie schon von dort unten anlächelte, wurde ihr ganz anders. Sie sah ihn jetzt das erste Mal in anderer Kleidung als der Arbeitskluft. Ausgewaschene Jeans, schwarzer, enger Pulli und dazu das unwiderstehliche halb sanfte, halb freche Grinsen.
Cats Herz schlug schneller. *Mel's right. He's really* **cute***!*

---

polite höflich
cute süß

Gemächlich rollte das Meer an die kreuzförmigen Wellenbrecher. Es war beinahe windstill, das Wasser glitzerte in der Nachmittagssonne. Der Fischladen, in dem Andy einkaufen wollte, hatte bis sechs Uhr geöffnet, und da das Wetter so schön war, hatten sie beschlossen, zuerst spazieren zu gehen. Nach einer Weile wies Andy mit einem Nicken auf eine Bank und sie setzten sich, um aufs Wasser hinauszuschauen.

"I love Wednesdays", meinte er und streckte seine langen Beine aus. "On Mondays I do all the boring stuff that has to be done, like paying **bills** and answering e-mails, and then in the evening I play football with friends. But I always spend these Wednesday afternoons just **lazing around**, like other people do on Sundays." Plötzlich schaute er Cat ernst an. "We're always working when other people **are enjoying themselves**."

"I don't mind", meinte Cat leise. "I love cooking. I'm still new to it, and I want to learn as much as I can, so most of the time it doesn't even feel like work."

Andy seufzte und nickte. Er holte eine Sonnenbrille aus der Brusttasche seiner Jacke, setzte sie aber nicht auf, sondern wog sie in der Hand, als müsse er entscheiden, ob sie zu schwer sei.

"I know what you mean. I more or less grew up in the Crown." Er lächelte ein bisschen bitter und meinte:

---

bill Rechnung
to laze around rumgammeln
to enjoy oneself sich amüsieren

"You **either** love it **or** you don't. It's a **passion**. I always knew I'd become a chef – I had no **choice**."
"Me **neither**", stimmte Cat zu.
Die Bank stand jetzt in vollem Sonnenlicht. Beinahe gleichzeitig schälten sich beide aus ihren Jacken. Cat gefiel Andys Pullover. Die langen, engen Ärmel standen ihm wirklich gut. *Cat – stop* ***staring at*** *him!*
Ihr Handy rettete sie, es gab den kurzen SMS-Ton von sich, der wie eine Kuckucksuhr klang. Andy lachte und blinzelte, weil tausend Lichter auf dem Meer tanzten. Umständlich kramte Cat das Handy aus der Jacke hervor; irgendwie gehorchten ihre Finger nicht richtig. *Why am I so nervous?*
"Text from my mum", murmelte sie.

Vergiss nicht, Tante Josephine eine E-Mail zu schreiben. Sonst alles klar bei Dir? Vermisse Dich, hdl – Mama

Schnell schrieb Cat zurück:

Liebe Mama! Hab frei und bin am Strand. Wusste gar nicht, dass die schottische Ostküste so schön ist. Ich schreib Tante J. gleich, wenn ich zurück im Crown bin. Hdgdl Cat.

---

either ... or entweder ... oder
passion Leidenschaft
choice Wahl
neither auch nicht
to stare at sb jdn anstarren

Sie schickte die SMS schnell ab und seufzte tief.
"Bad news?", fragte Andy vorsichtig.
"No, no, everything's fine. I have to mail my aunt tonight, though. She lives in Edinburgh and she wants to come and visit me."
"That's a coincidence. My mother lives in Edinburgh, too."
"My father grew up there", antwortete Cat. Hatte Andy nicht eben erzählt, dass er im Crown aufgewachsen war? Warum wohnte dann seine Mutter in einer anderen Stadt? Cat dachte an den peinlichen Moment, als sie ihn nach dem Ruf seiner Familie gefragt hatte, und wechselte schnell das Thema. "So you play football? I like football a lot."
"Really?"
"Sure", meinte Cat mit einem sinnigen Lächeln. "If German girls want to see their boyfriends at all at the weekends, they have to go with them and watch them play."
Andy lachte. "Are you speaking from experience?"
"What do you mean?"
"Does your boyfriend play football, too?"
Cat lachte auf. "Have you forgotten about restaurant **working hours**? The only **dates I'm likely to** see on a Saturday night are the ones you find in a fruit bowl."

---

working hours Arbeitsstunden
date Date, *aber auch:* Dattel
to be likely to do sth etw wahrscheinlich tun

Hang on – was that Andy's way of asking ***whether*** *I have a boyfriend?*

Von dem Nachmittag am Meer musste sie lange zehren, denn die nächsten Tage schienen die Arbeit und der Stress kein Ende zu nehmen. Aber Cat schlief jede Nacht zufrieden und tief und beim Aufstehen war es ihr völlig egal, dass sie ein weiterer harter Tag erwartete.
Das Wochenende hatte es besonders in sich, denn samstags war das Crown bis Mitternacht geöffnet und die letzten Bestellungen kamen erst gegen halb elf rein. Dafür schloss die Küche sonntags schon um neun. Und am Montag war Ruhetag. Zum ersten Mal konnte Cat sich richtig ausschlafen. Nach dem Frühstück wanderte sie ein wenig in der Umgebung des Crown umher und den Nachmittag verbrachte sie damit, mit Melanie und zwei Schulfreundinnen zu chatten und Musik zu hören. Natürlich nur über Kopfhörer, um Mrs Wilson nicht zu reizen. Währenddessen beantwortete sie die Mails von ihrer Familie.
Tante Josephine hatte geschrieben:

Dear Catherine,
It's so nice to have you here in Scotland and I'm really looking forward to visiting you in Aberdeen. We haven't seen each other **for** *so long. I know Aberdeen a bit from when I was at school; our class went on a trip to the*

Hang on. Warte mal.
whether ob
for seit

Maritime Museum there and I remember that the city was quite nice. From what you ***wrote*** *it sounds as if the seaside is* ***worth*** *visiting, too?*
Your father is a bit worried about you being all alone in a ***strange*** *town, so I've promised him I'll come and see you soon. What about next Wednesday evening, or Monday* ***around*** *noon? That would* ***calm*** *him* ***down*** *a bit :-). Shall we meet at the station? That might be easiest. I could* ***catch*** *a train to arrive at 13:53 on Monday, or 15:53 on Wednesday – would that be good for you?*
Love,
Josephine

Sie musste Tante Josephine am nächsten Montag treffen! Da gab es gar keine Frage, denn den Mittwoch wollte Cat auf jeden Fall freihalten, falls ... Sie schüttelte den Kopf, sicher hatte Andy etwas anderes vor, als mit ihr ...
Why am I ***even*** *thinking about this?* Also sagte Cat ihrer Tante für Montag zu. Sie freute sich wirklich darauf, denn sie mochte Josephine sehr.
Gegen sechs, gerade als Cat begann, sich zu langweilen, und überlegte, ob es irgendwo in der Nähe ein Kino gab, klopfte es an ihrer Tür.

---

maritime museum Schifffahrtsmuseum
to write (wrote, written) schreiben
worth wert
strange fremd
around um
to calm sb down jdn beruhigen
to catch nehmen
even überhaupt

"Come in."

Andy. Jetzt trug er einen schwarzen, sehr stylischen Trainingsanzug – *Cat, stop staring!* – und grinste ein bisschen verlegen.

"Well", meinte er und räusperte sich. "You told me you liked watching football, so … er … I thought perhaps you might like to come and watch our game?"

"Yes, I'd love to", freute sich Cat. In Windeseile zog sie sich noch einen warmen Pullover über, denn es war kühl und bedeckt, und band sich die Haare zusammen – ihre langen Haare gingen ihr inzwischen unheimlich auf die Nerven, bei der Arbeit ebenso wie jetzt.

Just Colleagues

Sie mussten sich beeilen, um pünktlich zu sein, und erreichten bald einen alten Ascheplatz, auf dem sich schon ein paar Jungs aufwärmten. Da die Sonne zu sinken begann, flammten die Flutlichter auf, und sobald sie mit Andy auf den Platz trat, pfiff einer der Jungs Cat hinterher, was Andy mit einem bösen Blick quittierte. Bald versammelte sich die ganze Mannschaft um die beiden.

"Guys, this is Cat. She's come to Scotland from Germany because she wanted to learn to cook in her **fatherland**", stellte Andy sie grinsend vor.

So ganz stimmte das nicht, Cat war ja in Deutschland geboren, aber sie gab sich keine Mühe, das geradezurücken. Namen und Fragen prasselten auf sie herunter. Sam – oder war es Tim? – sagte lachend, dass Andy zum ersten Mal ein Mädchen mit zum Fußballplatz brächte, und fragte Cat, ob sie wisse, was das für eine zweifelhafte Ehre sei, so schlecht wie er spiele!

"Well, actually", meinte Cat mit einem verschwörerischen Grinsen, "I'm here to **spy** for the German football

---

fatherland Vaterland
to spy spionieren

league. They'll be **glad** to hear that you have some terrible players!"
Und schon lachten die Jungs. Na bitte – keine Spur mehr von Schüchternheit, so wie immer, wenn sie neue Bekanntschaften machte.
Am Spielfeldrand standen auch einige Mädchen, winkten Cat freundlich heran und bezogen sie sofort in ihre Gespräche mit ein. Die Schwester des Mittelstürmers fand Cat besonders nett. Sie hieß Susan, hatte rote Korkenzieherlöckchen und bezeichnete es als "a sister's **duty**", die Jungs anzufeuern.
Als Andy Cat fröhlich zuwinkte, fragte Susan sie verstohlen, wie sie es hinbekommen habe, seine Freundin zu werden. Er hätte bisher doch jedes Mädchen abblitzen lassen!
Cat stotterte etwas davon, dass sie nur Arbeitskollegen seien, und bemühte sich, den Blick auf den Fußballplatz zu richten, um ihre roten Wangen zu verbergen.
"Colleagues? Come on! I never saw him play so badly. He's been staring at you the whole time", meinte Susan und kicherte vergnügt vor sich hin.
Cat schaute, statt noch etwas zu sagen, lieber aufmerksam zu. Sie hatte wirklich schon immer eine Schwäche für Fußball gehabt und für Fußballer auch, gestand sie sich und kam sich endgültig völlig albern vor.

---

league Liga
glad froh
duty Pflicht

Nach einer Weile schickte sie, auch um sich abzulenken, eine SMS an Melanie und gab sich alle Mühe, nicht jeder Bewegung von Andy hinterherzustarren.
“I’m sure your colleague looks **awesome** on the **pitch**”, simste Mel prompt zurück. Konnte sie hellsehen? “Don’t be **shy**! Kiss the cook!”
“Mel – you’re terrible!”, simste Cat zurück und streckte dem Bildschirm die Zunge heraus.
“Hey”, sagte da jemand neben ihr. Ein bisschen abgekämpft, aber grinsend kam Andy zu ihr herübergetrabt. Schnell ließ Cat das Handy in der Jackentasche verschwinden.
“Secrets?”
“Nothing important”, versicherte Cat. Wenn Mel so weitermachte, sollte sie ihre SMS lieber auf Deutsch schreiben, sonst konnte das wirklich peinlich werden, falls er ihr mal über die Schulter schaute.
“The others are going into town **to get a bite to eat**. It might be fun to go with them, and I don’t want to be **killjoy**, but we do have to work tomorrow. Do you mind if we go back?”
“No, of course not – you’re right”, sagte Cat prompt. Sie verabschiedete sich von Susan, den anderen Mädchen und mit einem Winken von Andys Mannschaft. Susan meinte, sie solle beim nächsten Mal unbedingt wieder mitkommen.

---

awesome großartig
pitch Spielfeld
shy schüchtern
to get a bite to eat einen Happen essen
killjoy Spielverderber

"They're all really nice", sagte Cat zu Andy, als sie den Platz verließen.
"Yes", meinte er. "We've been playing together since we were kids. And the girls always **come along** to watch." Er zwinkerte Cat zu. "We're a football nation too, you know!"
Als sie sich ansahen, mussten beide lächeln und schon war da wieder dieses seltsame Gefühl zwischen ihnen, diese Sprachlosigkeit. Cat fuhren tausend Dinge im Kopf herum, die sie gerne gesagt hätte, aber beinahe jedes Wort kam ihr völlig sinnlos vor.
He's such a kind person ...
Als sie an dem dunklen Park ankamen, den sie, um zum Crown zurückzukommen, durchqueren mussten, ging Cat unwillkürlich langsamer.
"Are you afraid?", fragte Andy, griff prompt nach Cats Hand und zog sie sanft an den Bäumen und den dichten Büschen links und rechts des Weges vorbei. Es war Cat, als hörte sie, wie Mel loslästerte: *Holding hands already?*
We probably shouldn't ... Doch noch bevor Cat weiterdenken konnte, drückte Andy ihre Hand ein bisschen fester.
"Kitten?"
"Yes?", fragte sie leise und sah ihn an.
"Do you think you'll stay?" Er schluckte, sie konnte es deutlich sehen. "I mean, do you like working with us?"
"Yes, I do", sagte sie förmlich.

---

to come along vorbeikommen

Und schon hatten die beiden den Park hinter sich gelassen und Andy ließ ihre Hand wieder los. Dann ging es nur noch um die nächste Ecke und sie gelangten zum Hintereingang des Crown. Andy schloss auf und sie gingen hintereinander die Treppe hinauf.
"Good night, then", sagte Andy leise.
"Thanks for taking me with you", sagte Cat schnell. "I enjoyed it a lot."
"Really? Well, I did score two goals", witzelte Andy.
What **am I supposed to** *say to that?! That I was watching every* **single move** *he made?*
"Well, it was nice to go out and do something." *Oh, shut up, Cat!*
Er lächelte ein bisschen. "So shall we go out again? **How about** Wednesday?"
Er guckte so erwartungsvoll, dass Cat sofort nickte: "Yes!"
"Your choice – where do you want to go?"
"Mmmm ... maybe we should find a **fancy** restaurant and judge the cooks, the way Wilson does", schlug sie vor. *Guter Einfall, puh ...* Das konnte er durchaus als Scherz auffassen.
"Like this?" Andy verzog sein Gesicht zu dem bärbeißigen Ausdruck des Küchenchefs, schüttelte übertrieben den Kopf und sagte brummig: "No, no, I can't **accept**

---

to be supposed to do sth etw tun sollen
single einzeln
move Bewegung
How about ...? Wie wäre es mit ...?
fancy nobel
to accept akzeptieren

this. It has no *esprit*, no innovation!" Er musste schon währenddessen lachen und auch Cat kicherte los.
"So, is it a date?", fragte Andy nach.
A date? "Er – I think so", meinte Cat verblüfft.

Teamwork

Als Cat am nächsten Morgen ihr Zimmer verließ, begegnete sie Mrs Wilson auf dem Flur.
"Aha, I've caught you!", meinte diese und setzte wieder ein sauertöpfisches Gesicht auf.
Doch Cat blieb ruhig. Bisher war sie noch mit den strengsten Lehrern und den pampigsten Gästen in Oma Käthes Restaurant gut zurechtgekommen.
"Good morning, Mrs Wilson", antwortete sie also in einem ganz unverbindlichen Plauderton. "**Is something wrong?**"
Tatsächlich sah es aus, als entspanne sich Mrs Wilsons Miene ein wenig. "Well, you and Paxton were **rather** noisy last night."
"Oh", sagte sie gespielt betroffen. "**I didn't realize**. I'm really sorry."
Anscheinend hatte Mrs Wilson mit Trotz gerechnet und war angenehm überrascht, dass Cat bereits Respekt vor ihr zu haben schien. Sie lächelte selbstzufrieden. "Well, I heard you **giggling**. And please remember to turn off the lights on the stairs."
"I'm sorry. Did we forget?"

Is something wrong? Ist irgendetwas nicht in Ordnung?
rather ziemlich
I didn't realize. Das war mir nicht bewusst.
to giggle kichern

"Paxton always forgets. I've told him a **thousand** times." Plötzlich blitzte es böse in Mrs Wilsons Augen. "If you want my **advice**, you'd better be careful around that one. Andrew seems to be just as **unreliable** as his father."

Sofort breitete sich ein zorniges Grimmen in Cats Magen aus. *Unreliable? Who are you to say something like that?!*

Das war eine der Situationen, in denen ihr Vater sie nachdrücklich an der Schulter gefasst und den Kopf geschüttelt hätte. *Stay polite!*

Als Mrs Wilson sich eine Haarsträhne hinters Ohr strich, fiel Cat ein, dass sie unbedingt zum Friseur musste.

"**May I** ask you something? Do you know a good **hairdresser** near here?", lenkte sie schnell ab.

"Well, I can recommend Emily's. Sandra goes there, too."

Sandra? Ob Mrs Wilson ihre Nichte meinte? Dann war der Friseur wirklich gut, denn Sunnys Frisur sah modern und witzig aus.

"It's just around the corner, next to **the butcher's**." Mrs Wilson legte den Kopf zur Seite und lächelte herablassend. "**You could** certainly **do with** a better haircut. Those wild **curls** are a bit of a mess."

---

thousand tausend
advice Rat
unreliable unzuverlässig
May I? Darf ich?
hairdresser Friseur(in)
the butcher's die Metzgerei
You could do with ... Du könntest ... gut gebrauchen.
curl Locke

Cat hatte das Gefühl, als müsse sie ihr Lächeln zwingen, auf ihrem Gesicht zu bleiben. "Thanks, Mrs Wilson. Excuse me, I have to go down now or I'll be late."
"Of course. **Off you go.**"
Zähneknirschend lief Cat Stufen herunter und atmete einmal tief durch, als sie in den Durchgang trat. Was für eine eingebildete, hochnäsige Ziege diese Mrs Wilson doch war!

Cat lächelte schon wieder, als sie die Küche betrat. Einmal griffen sie und Andy gleichzeitig nach einer Reisschüssel, ihre Hände berührten sich und es fuhr Cat heiß durch Brust und Magen.
Dieser zweite Dienstag war ebenso ruhig wie der letzte. Wilson hatte einen jungen Mann auf Probe eingestellt, der als Küchenhilfe arbeiten wollte. Den ließ er nun genüsslich die Arbeitsplatten schrubben, sodass Cat und Andy pünktlich Feierabend machen konnten.
Es erleichterte sie fast, als Andy ihr zuflüsterte, dass er einfach zu müde sei, um noch für den Wettbewerb zu üben. So impulsiv wie sie oft war, wäre sie ihm heute sicher irgendwann noch um den Hals gefallen.
Oder sie hätte angefangen zu stottern und alles zu verschütten ...

Dear Mel!
I think I ***may have*** *made a mistake ...*

Off you go. Ab mit dir.
may have habe vielleicht

Schnell löschte Cat den letzten Satz an ihre Schwester wieder. Als Fehler konnte man es ja wohl kaum bezeichnen, dass sie sich mit ihrem Arbeitskollegen gut verstand. Ein bisschen zu gut vielleicht.

How do I find out whether …

begann sie von vorne und löschte die Zeile ebenfalls wieder. Wie klang das denn?

I have a date with Andy and I don't know how …

Nun wurde aus dem Drücken der Lösch-Taste ein heftiges Hämmern. Das hatte alles gar keinen Zweck! Mel würde sich ohnehin nur über sie lustig machen. Entnervt klappte Cat den Deckel zu, stellte den Laptop auf den Nachttisch und kuschelte sich in die Decke.

Als Cat am nächsten Tag in die Küche kam, war Andy schon da und stellte ihr ohne zu fragen einen gut gezuckerten Tee und einen Teller frisches Obst hin.
Es wurde Cat langsam unheimlich, wie aufmerksam er ihr offenbar zuhörte. Sie hatte am Abend zuvor nur in einem Nebensatz erwähnt, dass sie sich vor Porridge eigentlich gruselte.
"You seem **to be in a** very **good mood**", meinte Cat, als sie an ihre Herdinsel traten.

---

to be in a good mood gut gelaunt sein

"It's Wednesday", sagte er nur und sah ihr in die Augen. Und schon wieder einen Tick zu lange! Das Kribbeln in Cats Brust wurde so stark, dass sie kaum dagegen ankam, ihn völlig hilflos anzusehen.
Wurden etwa schon wieder ihre Wangen rot? Sie hatte gar keinen Einfluss darauf …
Wilson rauschte an den beiden vorbei. "Hurry up!", kommandierte er. "We have to finish the cake, Andy! Sunny will be here in half an hour."
"Oh, yes! I forgot", meinte Andy.
"Forgot what?", fragte Cat. Meistens ließ sich Andy nicht von Wilson Gehetze beeindrucken, also musste es sich wohl um etwas sehr Wichtiges handeln.
Sie setzte sich vorsichtshalber auch in Bewegung. Soweit sie das mitbekommen hatte, wurde der Kuchen doch sonst bei einer Konditorei in der Stadt bestellt.
"It's Sunny's birthday", bellte Wilson ihr entgegen.
"Today? I didn't know!", meinte Cat betreten. "I haven't got her a present."
"Don't worry", sagte Andy prompt. "My present was enough for both of us." Verschmitzt grinste er sie an. "You **owe** me five pounds."
"No problem", erwiderte Cat erleichtert.
Wilson hatte indessen einen dicken Tortenboden und eine Schale mit Erdbeeren aus der Kühlkammer geholt. "Come on! Come on!", rief er. Während er den Boden zweimal durchschnitt, schickte er Cat mit einem gebellten Kommando und einer unwirschen Geste nach einer

---

to owe schulden

großen Schüssel mit Erdbeercreme, die ebenfalls schon in der Kühlkammer bereitstand.
"I always make the cake when one of them has a birthday", erklärte er grummelnd, als sie ihm die Schüssel hinhielt.
Cat sah beeindruckt zu, wie er den untersten Tortenboden aus der Hand völlig gleichmäßig mit Creme bestrich und dann den nächsten auflegte, bis die Torte drei exakt gleiche Schichten hatte.
"**Halve** the strawberries, Cat", meinte Andy, der in Windeseile Buttercreme zusammenrührte. Sofort nahm Cat die Erdbeeren und begann, die schönsten Früchte zu halbieren.
"Strawberries ready!", rief sie bald.
Andy nickte, fügte einen Teelöffel vom Saft der Früchte zur Creme hinzu, um sie rosa zu färben, füllte alles in einen Spritzbeutel und legte ihn auf Wilsons Arbeitsplatte. "Butter cream ready, Chef!"
Der Chef war schon dabei, silberne Zuckerperlen und Erdbeerhälften auf der rosa Torte zu verteilen. Dann griff er nach dem Beutel und spritzte aus der Hand Sunnys Namen in verschlungenen Buchstaben auf die Torte und darunter eine große 16.
Als Wilson den Spritzbeutel zur Seite legte, hatte Cat eine Idee. Die Farbe der Buttercreme erinnerte sie an Rosen. Kurzentschlossen holte sie sich ein Stück Backpapier und spritzte eine schöne Blüte darauf. Sie hielt es Wilson fragend hin.

---

to halve halbieren

Ein kleines Lächeln zuckte um seine Mundwinkel. Er nahm ein breites Messer und schob die Rose vom Papier auf die Torte. Jetzt war der Kuchen perfekt.
Es war ein tolles Gefühl, als sich die Köche zufrieden zunickten und Andy Cat stolz anstrahlte. Der ganze Spuk hatte keine viertel Stunde gedauert. Teamwork!
Wilson lief zur Schwingtür und brüllte den Kellnern im Gastraum zu: “Morty, set the table! And, Roger, tell my wife to come down to say happy birthday to Sunny.”
Die beiden beeilten sich, den Aufforderungen nachzukommen, und nur wenige Augenblicke später trug Andy die Torte zum runden Sechspersonentisch in der Mitte des Speiseraums. “The present!”, fiel ihm ein und schon rannte er hoch in sein Zimmer, um das Geschenk zu holen. Morty zündete die Kerzen auf dem Tisch an.
“That looks quite nice”, befand Mrs Wilson. “But did you have to make such a **calorie bomb** for breakfast?”
Spielverderberin! Wen interessierten denn Kalorien, wenn man Geburtstag feierte?! Zicke, Zicke, Zicke!, dachte Cat.
“Shhh. She’ll be here **any second**.”
Tatsächlich, die Hintertür quietschte leise, schnell löschte Wilson die Lichter im Crown. Da, jemand tappte durch die Küche, und weil sie dunkel und leer war, lugte Sunny schon bald neugierig durch die Schwingtür.
“Happy birthday to you”, krähte Mrs Wilson los, der Chef fiel ein und Cat, Andy und beide Kellner beeilten

---

calorie bomb Kalorienbombe
any second jede Sekunde

sich mitzusingen, weil die Wilsons kaum einen Ton richtig trafen. Zum Schluss konnte man zumindest die Melodie erkennen.
"You remembered!", freute sich Sunny.
Wilson drückte sie sogar kurz an sich und zeigte auf den Tisch. "All for you!", sagte er gutgelaunt.
"For me?", tat Sunny überrascht und machte sich sofort daran, die Geschenke auszupacken.
"I love the decoration", kommentierte sie den Kuchen.
Wilson sagte tatsächlich: "Catherine made the rose. Pretty, isn't it?"
Neugierig wickelte Sunny die Geschenke aus. Von Wilson bekam sie ein neues Portemonnaie – anscheinend hatte sie es selbst ausgesucht – und die Kellner schenkten ihr die CD von Evanescence, die sie sich gewünscht hatte. Als sie das hellblaue, flache Paket schüttelte, das Andy besorgt hatte, beeilte der sich zu sagen: "That's from me and Cat."
"What can it be?" Neugierig wickelte Sunny das Papier ab und strahlte plötzlich. Es war ein Fußball-Trikot: "An **official** Aberdeen FC shirt! That's great!", rief sie. "Thank you both!" Sie sah jetzt ganz anders aus, aufgeweckt und sympathisch. Das passte viel besser zu ihr als dieser dauergenervte Gesichtsausdruck während der Arbeit. "I love my Lions." Sie versuchte sogar zu lächeln.
"I must get one for myself, as a souvenir. I like football, too", antwortete Cat und lachte die Beiköchin an.

---

official offiziell

"My dad works as a **talent scout** for the club", meinte Sunny.
"Really? Does that mean you sometimes get free tickets?"
Hinter Sunnys Rücken machte Andy eine Geste über seinem Hals, die wohl bedeutete, dass Cat besser den Mund halten sollte, aber es war zu spät.
"No." Sunnys Miene verfinsterte sich. "My parents are divorced. I'm not going to go asking him for any **favours**."
Verdammt! Jetzt hatte Cat endlich eine Gemeinsamkeit mit Sunny entdeckt und schon war sie in ein Fettnäpfchen getreten.
"Sorry – I didn't **mean to annoy** you", sagte sie schnell. Aber da hatte sich Sunny schon zu den Kellnern umgedreht und sich bei ihnen für die CD bedankt.

Die Evanescence-CD lief den ganzen Tag. Cat mochte die Stimme der Sängerin nicht besonders, aber sie übte sich in Gleichmut. Durch die kleine Feier am Morgen war der übliche Zeitplan durcheinandergeraten und in der Küche verbreitete sich Hektik.
Gegen Nachmittag besserte sich das Wetter, in der Nähe tagte eine Umweltschutz-Organisation – noch gegen drei war das Lokal rappelvoll.

---

talent scout Talentsucher
favour Gefallen
to mean to do sth etw tun wollen
to annoy verärgern

"Why do they all have to be vegetarians?", schimpfte Wilson, weil die Fleischgerichte heute überhaupt nicht gingen. Cat und Sunny hatten wirklich die dreifache Arbeit: Schälen, Putzen, Formschnitte – Gemüse, Gemüse, Gemüse.
Sunny schlug vor, einfach rohe Möhren und Selleriestangen an der Tür zu verteilen, aber als Cat und Andy darüber lachten, warf sie ihnen wieder nur einen übellaunigen Blick zu.
Als Roger rief, dass einer der Gäste den Chefkoch sprechen wolle, ließ Wilson genervt die Kelle in die Suppe zurückfallen und riss sich die Schürze herunter. "As if I don't have better things to do!"
Andy musste jetzt auch auf Wilsons Bestellungen achten und überließ Cat zwei seiner Gerichte. Er sah inzwischen aus, als müsse er sich dringend ausruhen.
Gerade als Cat ihm vorschlagen wollte, nachher doch nichts mehr zu unternehmen, sondern lieber früh schlafen zu gehen, schepperte es am anderen Ende der Küche.
Beide fuhren erschrocken zusammen.
"Cat!", brüllte Sunny los. "Did you put the bowl of ricotta back in the fridge? It fell out when I opened the door! Look at this mess!"
Cat rannte in den hinteren Teil der Küche. Sunny war von oben bis unten mit Ricotta bekleckert, auch der Boden war vollgespritzt.
Aber Cat hatte den Kühlschrank seit gestern nicht einmal angefasst. Warum eigentlich beschuldigte Sunny sie für jede Kleinigkeit, die schief ging?

Cat explodierte. “It wasn’t me!”, schrie sie zurück. “Stop **blaming** me for every little thing that goes wrong here! It’s just stupid!”

“No, *you’re* the one who’s stupid!” Blitzschnell drehte Sunny sich herum, griff nach einer Tomate und warf sie nach Cat. Klatsch! Klebriger Tomatensaft tropfte von Cats Leinenjacke.

“Girls!”, schallte es da von der Schwingtür herüber – Wilson war aus dem Gastraum zurück. Beinahe gleichzeitig zuckten die Mädchen zusammen.

Cat fasste sich als Erste und trat hinter dem Backofen hervor. “Yes, Chef?”, sagte sie unschuldig.

“**What’s going on here?**”

“Erm ...” Cat räusperte sich und entschloss sich zu einer Lüge. Sie war zwar sauer, aber der Gedanke, dass Sunny ausgerechnet an ihrem Geburtstag Ärger bekam, gefiel ihr einfach nicht. “I dropped a bowl into ... er ... into the tomato basket. Sunny was just helping me **clear** it **up**. Sorry, Chef.”

“What was in the bowl?”, knurrte Wilson.

“Ricotta.”

Wilson streckte sich und rief über Cats Kopf hinweg: “Sunny, I need you over here!” Dann wandte er sich mit zusammengezogenen Lippen wieder an Cat. “I put that ricotta back in the fridge for a reason. That’ll come off your salary.”

---

to blame sb jdm die Schuld geben
What’s going on (here)? Was geht hier vor?
to clear up aufräumen

Cat konnte ein leises Aufstöhnen von Sunny hören. Nun wusste die Kollegin also, dass sie die Sauerei eigentlich ihrem Chef zu verdanken hatte.
Cat beeilte sich, wieder hinter den Backöfen zu verschwinden und Sunny beim Saubermachen zu helfen. Doch als sie am Kühlschrank ankam, hatte Sunny schon alles aufgewischt und hielt ihr mit zerknirschter Miene eine frische weiße Jacke hin.
Cat nickte nur kurz und warf die Jacke über, denn Andy rief nach ihr: "Cat, mushrooms!"
Wilsons Laune lag gefühlte zehn Grad unterhalb des Gefrierpunkts und Andys Gesicht glich einer steinernen Büste. Alle arbeiteten so rasch wie möglich und schwiegen die meiste Zeit. Als sich der Gastraum gegen vier Uhr endlich leerte und Morty und Roger sich verabschiedeten, seufzte Andy nur erleichtert: "Thank God – no more vegetables!"
Wilson verschwand mit einem gebrummten "See you tomorrow, kids" im Flur zum Treppenhaus, und auch Sunny warf bereits ihre Jacke über. Sie schaute noch einmal um die Ecke hinter den Herd und wagte es kaum, Cat anzusehen.
"It's late, and my little brothers are waiting for me ..."
"Have a nice party", sagte Andy kühl.
"Thanks", gab Sunny leise zurück. Für einen Moment hob sie den Kopf, als wolle sie noch etwas zu Cat sagen, doch dann drehte sie sich auf dem Absatz um und rannte hinaus.
"Wow!", meinte Cat. "I think she **was about to** cry."

---

to be about to do sth kurz davor stehen, etw zu tun

"She has every reason to feel guilty", grollte Andy. Es war das erste Mal, dass Cat echten Ärger in seiner Stimme hörte. "I'm glad you finally got angry. But why did you lie to Wilson? She **deserved** one of his **tellings-off**."

"Well, it's her birthday today, isn't it?", rechtfertigte sich Cat. Sie biss sich auf die Lippen, ihre Nerven lagen blank, von all der Hektik und den Vorwürfen, und ihr war jetzt genauso zum Heulen zumute. "Are you angry with me too?", brachte sie heraus.

Erschrocken sah Andy sie an. Auf die Idee, dass sie seinen Ärger persönlich nehmen könnte, war er anscheinend nicht gekommen. "No, Kitten, of course not", meinte er kopfschüttelnd. "It is just very unprofessional to **pick on** a colleague for **personal** reasons, especially when there's so much work to be done. She**'s been pushing** you **around** ever since you arrived. Where's your **pride**, Kitten?"

Nun musste Cat wirklich auf die Tischplatte sehen, um ihre Tränen wegzublinzeln. "I think it must **have turned into** ricotta."

Wider Willen musste Andy lachen. "I know what'll help. Why don't you help me find a main course for the competition? I do my own versions of **well-known** dishes,

---

to deserve verdienen
telling-off Standpauke
to pick on sb auf jdm herumhacken
personal persönlich
to push sb around jdn herumkommandieren
pride Stolz
to turn into sth zu etw werden
well-known bekannt

so perhaps we can find something **among** my father's recipes that'll give us some ideas. I know I promised that we'd go out for dinner tonight, but you look exhausted, and I'm tired as well. I don't really **feel like** going into town. Why don't I cook you whatever you like here instead?"

"Okay, then", sagte Cat erleichtert. Sie wischte sich, sobald er sich dem Regal zuwandte, schnell über die Augen und schluckte ein paarmal.

Andy stellte den Registerkasten vor sie hin und nickte ihr aufmunternd zu. "Well, what would you like?"

"Spaghetti with butter, fried eggs and cheese", sagte Cat prompt. Auf so etwas Simples hatte sie jetzt richtig Lust.

Andy begann schallend zu lachen. "**You're kidding**, right?"

Cat musste ein bisschen lächeln. "No, I'm not! **Whenever** my mum thought I seemed a bit sad, that's what she used to make me. Just the smell of it **cheers** me **up**."

Andy seufzte gespielt und Cat griff nach dem Rezeptkasten. Gerade als die Spaghetti fertig waren, hatte sie ein Gericht gefunden, das ihrer Filetspitzen-Sommerplatte ähnelte, und nahm das als Wink des Schicksals.

---

among unter
to feel like doing sth Lust haben, etw zu tun
You're kidding. Das ist doch ein Scherz.
whenever immer wenn
to cheer sb up jdn aufmuntern

Andy schlug derweil vier Eier in die Pfanne. Er richtete zwei Teller an und rieb mit einem fast verzweifelten Gesichtsausdruck den Käse dazu.

"Is it really that **weird**?", fragte Cat kichernd, als sie das Essen an den Personaltisch trugen. Gerade jetzt, ohne Gäste, wirkte das Restaurant besonders edel.

"Well, yes", meinte Andy. "Thank God nobody from the BCF came along and saw me cooking that."

"BCF?"

"The British Culinary Foundation."

Cat betrachtete zufrieden das Essen aus ihren Kindertagen. Es hatte wirklich etwas leicht Absurdes, dass es wie ein Nest auf feinem Porzellan angerichtet war, aber es machte ihr tatsächlich sofort bessere Laune. Doch dann schnalzte sie ärgerlich mit der Zunge.

Andy ließ beinahe die Gabel fallen. "What's wrong?", fragte er erschrocken.

Cat zog ein undurchdringliches Gesicht. "That's Parmesan, isn't it?"

"Of course", meinte er unsicher, "the best!"

"My mum used to use cheap yellow cheese", sagte sie vorwurfsvoll.

"Cat! Wilson would **fire** me if I did that", protestierte er.

Sie mussten beide lachen.

Cat aß auf und atmete durch.

"Do you feel better now?", fragte Andy.

"Much better", sagte Cat. "Oh, I forgot to tell you that I found a recipe I thought might be good. Hang on ..."

---

weird seltsam
to fire sb jdn entlassen

Sie holte das Rezept aus der Küche, das sie ausgesucht hatte, und legte es ihm hin. "I won my competition in Germany with a beef dish like this one, so I thought that was a good **sign**."
Andy warf einen Blick auf die Karte und schluckte. "I don't believe it. This is my father's version of *entrecôte double*. He won the second star for the Crown with this. And it was my birthday dish. Every year."
"Really?", sagte Cat, plötzlich bedrückt. Andy hatte immer so eine Verletztheit in der Stimme, wenn er über seinen Vater sprach, dass sie gleich mitlitt, ohne genau zu wissen, weshalb.
Er räumte die Teller zusammen und schenkte Cat noch ein schwaches Lächeln. "Yes. It was on my fifth birthday that we finally heard about the second star. My father was very **proud**, and all the staff were celebrating."
Er atmete durch. "We'll start with that tomorrow. Thank you. It'll be a personal **challenge**, too, so it's a really good choice."
"**As long as** you don't expect me to try it! I can't stand **rare** meat – I like my beef **well done**."
"Ooh", machte Andy und lachte. Rinderfilet verlor bei zu langem Garen an Zartheit und Eigengeschmack, das wusste Cat natürlich auch. In einem Kochwettbe-

---

sign Zeichen
proud stolz
challenge Herausforderung
as long as so lange
rare blutig
well done durchgebraten

werb war es ein krasser Fehler, das Filet durchzubraten.
"Knock, knock", sagte da jemand zaghaft von der Schwingtür zur Küche her. Sunny. Sie hatte eine große Schachtel Pralinen unter dem Arm und lächelte ein bisschen verlegen.
"What are you doing here?", fragte Andy ruppig.
"I wanted to talk to Cat, if that's okay."
Cats Herz schlug überrascht schneller.
Andy schüttelte unwillig den Kopf. "I think you said enough earlier on!", knurrte er Sunny an, doch Cat war inzwischen aufgestanden und nickte ihm beruhigend zu. Er verdrehte die Augen und brachte das Geschirr in die Küche.
Erleichtert ging Sunny zu Cat und drückte ihr die Pralinenpackung in die Hand. "These are for you", sagte sie schüchtern.
"Thank you", sagte Cat und sah Sunny erwartungsvoll an.
Ihre Kollegin versuchte zu lächeln. "It was really nice of you to **cover for** me earlier, especially when I'd just been mean to you. It was stupid of me. I just wanted to say that I'm sorry." Sie legte eine Fünf-Pfund-Note auf den Tisch. "And that's for the ricotta."
"No problem", sagte Cat und grinste.
"I've got such a **temper** sometimes", fuhr Sunny zerknirscht fort. "But I promise I won't pick on you any

---

to cover for sb jdn decken
temper hitziges Temperament

more. You**'re doing a great job**, and I know how hard it can be to work under pressure."

"Shall we **start again**?", meinte Cat und hielt Sunny mit einem verschmitzten Lächeln die Hand hin. "Hello! I'm Cat. Nice to meet you."

"Nice to meet you, too! I'm Sunny", schaltete die Kollegin prompt. Sie nahm Cats Hand und fiel ihr dann einfach um den Hals.

Cat erwiderte die Umarmung und musste lachen, als Sunny sie ein bisschen verlegen wieder losließ. Anscheinend waren sie beide erleichtert, dass sie sich gleich wieder vertragen hatten. Und so lächelten sie sich auch endlich richtig an.

"That's the first time you**'ve** ever **apologized** to anyone for anything", knurrte Andy, der in diesem Moment wieder hereinkam. Anscheinend hatte er schon einiges mit der Beiköchin erlebt. "Should I **crack open the champagne**?"

"No, no need", fand Sunny gut gelaunt und stupste ihn vor die Schulter. "I'll make us some tea instead."

Cat, Sunny und Andy saßen noch lange in der Küche, tranken Tee und aßen Pralinen. Als Cat sie darum bat, machten Sunny und Andy abwechselnd ein paar Fotos mit ihrem Handy. Cat wollte sie an die nächste Mail

---

to do a great job tolle Arbeit leisten
to start again von vorne anfangen
to apologize sich entschuldigen
to crack open the champagne den Champagner aufmachen

hängen, damit sie ihrer Familie die Gesichter zu den Namen zeigen konnte.

Ein Foto war besonders schön geworden: Cat und Andy waren gemeinsam darauf zu sehen und lachten sich an. Gegen halb zehn meinte Sunny, das sei eine viel coolere Party gewesen als die am Morgen. Beim Abschied flüsterte sie Cat zu: "Andy's been in a much better mood since you arrived."

Cats Magen begann augenblicklich zu kribbeln. Verlegen stellte sie die Teebecher in die Spülmaschine. "We make a good team", versuchte sie sich zu retten.

"If you say so", sagte Sunny und griff lachend nach ihrer Jacke.

Jack's Back

Am nächsten Morgen nahm Andy Sunnys neue CD mit einem freundlichen "Sorry, Sunny **dear**, but I can't stand this any more!" aus dem Player und schaltete das Radio wieder auf Normalbetrieb.
Sunny pfiff trotzdem fröhlich vor sich hin, Cat fühlte sich großartig, der Donnerstagvormittag und die Mittagszeit vergingen wie im Flug, bis Wilson verkündete, Roastbeef für die ganze Belegschaft machen zu wollen.
Andy und Sunny hoben die Brauen, als er das große Stück Fleisch aus der Kühlung holte und begann, es mit Salz und gestoßenem Pfeffer einzureiben.
"No more **peace** and **quiet**, then", meinte Andy. Er stöhnte leise.
"Guess so", seufzte Sunny. "It was nice while it lasted."
"What's going on?", fragte Cat nach.
"My uncle only cooks roast beef for us when ...", flüsterte Sunny Cat ins Ohr, doch sie unterbrach sich gleich wieder und ihr Kopf schnellte herum. "Here he is!"
"Hello, Dad! And a very good afternoon, everybody!", klang es da von der Schwingtür herüber.

---

dear meine Liebe
peace Frieden
quiet Ruhe

"Good afternoon", riefen Sunny und Andy im Chor. Cat hatte den Einsatz verpasst. Sie starrte zur Tür, als hätte dort ein Blitz eingeschlagen.
Da stand ein junger Mann, der sie entfernt an jemand erinnerte. Er war ungefähr einen Kopf größer als sie, trug ein dunkelblaues Sakko mit einem Abzeichen auf der Brust, hatte beinahe schwarze Haare, auffällig grüne Augen und ein unglaublich charmantes Lächeln.
Aus einem unerfindlichen Grund lief es Cat kalt den Rücken herunter, als sein Blick an ihrem Gesicht hängenblieb und sein Lächeln nur noch breiter wurde.
"You must be Cat!", rief der junge Mann und lächelte so begeistert, dass es Cat ganz seltsam wurde. Er trat auf sie zu und reichte ihr die Hand. "I'm Jack Wilson. Nice to meet you."
"Nice to meet you, too", antwortete Cat überrumpelt.
"Wow!", sagte er. "I was told you were German, but you don't have an accent at all."
"**Not unless** it's a **Scottish** one", gab Cat zurück. "My father's from Edinburgh. I grew up speaking both languages." Schnell warf sie Andy einen Blick zu, doch der schaute seine Gemüsepfanne an, als wolle er jeden Champignon einzeln zerquetschen.
"Great! So we'll have no problem talking **to one another**." Jack strahlte sie so sehr an, dass Cat auch lächeln musste.

(not) unless es sei denn
Scottish schottisch
to one another miteinander

"Well now", meinte der Sohn des Hauses in die Runde. "It seems the Crown is still standing. I always worry the old place might **go to pieces** while I'm away."
Chef Wilson hob den Blick und eine Braue. Unwillkürlich duckten sich alle in der Küche ein bisschen, denn es sah aus, als wolle er etwas Harsches erwidern, aber da tönte schon die schrille Stimme von Margaret Wilson durchs Treppenhaus: "Is that you, Jack? Aren't you going to come and give Mummy a hug?"
Ihre Schritte hallten durch den Flur. Jack lachte ein bisschen, zuckte die Schultern und verschwand durch die Hintertür.
"Pineapple **slices**, Cat", kommandierte Andy. Irgendwie klang das ziemlich grummelig, aber Cat war noch so verdattert, dass sie dem Kommando einfach nachkam. Kaum war sie mit der Ananas aus der Kühlung am Schneidetisch angelangt, schüttelte sie den Kopf.
"**What's the matter?**", fragte Sunny flüsternd und mit leisem Kichern.
"Well, that was a surprise", meinte Cat. "The Wilsons have children, then?"
"Just him. He's quite good-looking, isn't he?"
"Oh my God, yes", antwortete Cat, ohne nachzudenken. "Einigermaßen gutaussehend" war eine glatte Untertreibung, fand Cat. Jack Wilson sah einfach umwerfend aus!

---

to go to pieces zusammenbrechen
slice Scheibe
What's the matter? Was ist los?

"It's hard to believe my uncle is his father", spottete Sunny.
"How old is he?", fragte Cat.
"Nineteen. He's at **business school** in Edinburgh. He's very good with figures. He**'s top of the class**."
"Wow."
"I'd like to go there, too. What he's told me about the business side of things is really exciting." Sunnys Augen strahlten und irgendwie passte der leichte Ehrgeiz in ihrer Stimme richtig gut zu ihr. "Good cooking isn't the only important thing about **running** a good restaurant. Wilson is **passionate** about cooking, but he always **keeps an eye on** the costs as well", fügte sie hinzu. "That was what went wrong when the Crown **belonged to** Mr Paxton."
Mit einem Mal fügten sich die Bemerkungen über die Geschichte des Restaurants, die Cat bisher aufgeschnappt hatte, zusammen. Sie hatte noch die zickige Aussage von Mrs Wilson im Ohr: "If you want my advice, you'd better be careful around that one. Andrew seems to be just as unreliable as his dad."
"Do you mean", flüsterte sie Sunny entsetzt zu, "that Andy's father owned the Crown before Wilson? And **went bankrupt**, or what?"

---

business school Wirtschaftsschule
to be top of the class Klassenbester sein
to run betreiben
passionate leidenschaftlich
to keep an eye on sth etw im Auge behalten
to belong to sb jdm gehören
to go bankrupt Pleite gehen

Entgeistert schaute Sunny von ihrem Gemüse hoch. "Didn't you know?" Ihre Ohren bekamen rote Ränder. "I shouldn't have said anything – Andy should be the one to tell you, if he wants to."
"Come on, Sunny. **I'm** not **going to gossip** about it."
"No, no", sagte die Kollegin, ungewohnt sanft. "It's hard enough for Andy already."

Cat konnte das blutige Roastbeef kaum ansehen und Andy, der ja von ihrer Abneigung wusste, grinste während des Essens vor sich hin. Sonst schien aber niemand zu bemerken, dass Cat wesentlich mehr Gemüse aß als die anderen am Tisch.
Cat hatte ohnehin nicht viel Hunger. Ihr geisterte immer noch im Kopf herum, was Sunny über Andys Vater erzählt oder auch nur angedeutet hatte.
Als Morty schließlich den Tisch abräumte, war sie erleichtert, in die Küche zurückzukommen. Jedes Mal, wenn sie von ihrem Teller aufgeblickt hatte, waren ihre Augen an Jacks Lächeln hängengeblieben. Es war kaum zu glauben, dass er der Sohn eines so brummigen Zeitgenossen wie Wilson war. Eher erinnerte er Cat, auch wegen seiner Größe und der dunklen Haaren, an ihren eigenen Vater.
Völlig in Gedanken schlüpfte Cat wieder in ihre Schürze und verhedderte sich prompt in den langen Bändern. Andy trat zu ihr und schaute sich kurz nach Wilson und Sunny um. Die beiden waren schon hinter ihrer Kochstelle verschwunden.

---

to gossip tratschen

"Let me do that", flüsterte er Cat zu. Zielstrebig griff er nach den Schürzenbändern. Und schon umfing er sie mit beiden Armen, während er die dünnen Leinenschnüre um ihren Körper schlang und vorne zuknotete. Genau in diesem Augenblick schaute Jack in die Küche und seine Miene gefror. Nur knapp teilte er seinem Vater mit, dass er und seine Mutter einkaufen führen, gleichzeitig warf er Andy über Cats Schulter einen fiesen Blick zu.

Cat blickte sich zu Andy um und der lächelte tatsächlich, irgendwie ... siegessicher? Und seine Hände lagen noch immer an ihrer Taille. Doch bevor Cat etwas dazu sagen konnte, schob Andy sie spielerisch zum Schneidetisch herüber und meinte mit einem Lachen in der Stimme: "**Slice** the **salmon**, Cat!"

Einige Stunden später schaute Andy in Oma Käthes Rezeptbuch und lächelte etwas ratlos. "I really would like to help you with it, but it's in German!" Er tippte auf das Rezept für "Cremespeise", wie Cats Großmutter eine klassische Vanille-Creme genannt hatte.

Cat lachte. "It's a basic recipe for vanilla crème", erklärte sie. "I just **switch** languages – I always forget that other people can't. I'll fill in a recipe card and translate it for you."

"All right. I'll try out my seafood dish **in the meantime**."

---

to slice in Scheiben schneiden
salmon Lachs
to switch wechseln zwischen
in the meantime inzwischen

Cat holte eine leere Rezeptkarte und füllte sie aus.
Eggs, cream, white sugar …
Plötzlich drehte sich Andy zu ihr um und lächelte. "Did I ever tell you how glad I am that you're here?"
Cat lächelte zurück. "I'm glad I'm here, too. I've learned so much already."
"I'm not just talking about work, Cat", begann er.
Nicht nur die Arbeit? Mit klopfendem Herzen sah Cat von der Rezeptkarte hoch und schaute Andy fragend an. Sein Blick war beinahe ebenso unsicher, so als wisse er nicht genau, was er noch sagen könnte.
"Paxton!"
Andy und Cat zuckten wie ertappt zusammen. Margaret Wilson stand im Türrahmen zur Schleuse. "My husband said you had to prepare a new soup base for the **wedding** tomorrow."
"I know, Mrs Wilson", sagte Andy. Seine Miene wurde undurchdringlich und sein Ton kühl und beinahe ein wenig von oben herab. "I'll do it when I've finished preparing for the competition."
"**Very well**!" Mit sauertöpfischer Miene wandte sich Mrs Wilson an Cat: "And what are you still doing here? It's past your **bedtime**, isn't it?"
It's only ten o'clock!, dachte Cat aufgebracht. Doch bevor sie dazu kam, den Mund zu öffnen, sagte Andy schon: "It's a normal time for a cook to be working." Er schenkte Mrs Wilson ein kühles Lächeln und fügte ge-

---

wedding Hochzeit
Very well. In Ordnung.
bedtime Zeit ins Bett zu gehen

lassen hinzu: "Your husband **insisted** that I should **teach** Catherine as much as I can. **Obviously** I can't **neglect** my duties in the kitchen, so we have to practise after **closing time**."
"I see", sagte Margaret Wilson naserümpfend. "Well, just don't let these 'extra lessons' go on all night. All this **hustle and bustle** in the kitchen **keeps** me **awake**."

Diese Creme war eine Katastrophe. Frustriert sah Cat die gelbliche, halbflüssige Masse an. Sie schmeckte langweilig und zu dünn war sie obendrein.
Andy zuckte die Schultern und lächelte aufmunternd. "You just need better **technique**, that's all. Let's get some more eggs and try again."
Cat schickte sich an, neue Eier zu holen.
"Don't forget that we're working with **living** materials, Kitten", fuhr Andy fort. "Sometimes the dressing will **vary depending on** the air pressure, the weather, or how you're feeling. Sometimes things just don't work."
"**I'll bear** that **in mind**", versprach Cat erleichtert. Als sie in die Kühlkammer trat, musste sie lächeln. Irgend-

---

to insist darauf bestehen
to teach beibringen
obviously offensichtlich
to neglect vernachlässigen
closing time Feierabend
hustle and bustle Trubel
to keep sb awake jdn wach halten
technique Technik
living lebend
to vary variieren
to depend on sth von etw abhängen
to bear (bore, borne) in mind berücksichtigen

wie traf Andy immer den richtigen Ton, um ihr etwas zu erklären, sie zu trösten oder zu beruhigen.
"Right", sagte er, als Cat alle Zutaten bereitgestellt hatte. "You can't know **for sure** how long this will take. You might need just two minutes, or as many as ten."
Cat nickte. Andy begann die Sahne zu schlagen und fügte langsam ein Eigelb nach dem anderen zu. Wieder sah es so einfach aus, wie die Creme Schlag um Schlag an Festigkeit gewann, dass es Cat ganz neidisch machte.
"I'm listening to the rhythm", erklärte Andy. "Some cooks close their eyes to **sense** whether they're doing it right, or some might think of a special song to help them find the rhythm. You just have to learn to trust your intuition and find out what works for you." Er wies auf die zweite Schüssel. "Now it's your turn. The **speed** comes from the **wrist**. Hold the **whisk** near the top."
Offensichtlich fasste Cat den Schneebesen richtig an, denn er nickte, als sie danach griff. Er stellte sich hinter sie und sah über ihre Schulter hinweg in die Schüssel. Nach einer Weile rückte er näher, legte seine Hand um ihre und gab den Schlägen ein wenig mehr Kraft und Gleichmäßigkeit mit. Cat konnte seine Körperwärme spüren und hielt unwillkürlich die Luft an. Wieder schoss diese dumme Röte in ihre Wangen.

---

for sure mit Sicherheit
to sense spüren
speed Tempo
wrist Handgelenk
whisk Schneebesen

"The whisk can't just be an instrument. It has to become a part of you."
Eigentlich fühlte Cat im Moment nur, dass sie sich zusammenreißen musste, um sich nicht an ihn anzulehnen, und dass ihr Herz viel zu aufgeregt schlug. Sie biss die Zähne zusammen und versuchte sich zu konzentrieren. Als Andy ihre Hand vorsichtig losließ, geschah etwas, dass sie völlig verblüffte. Da war eine kleine Vibration des Griffs, sie fühlte wirklich, wie der Widerstand der Creme größer wurde. Ja, genau so war es richtig. Sie fuhr einfach fort zu schlagen, bis die Linien des Schneebesens deutlich in der Creme sichtbar blieben.
"Very good!", lobte Andy sie. Er stand noch immer so nah wie vorher und fasste sie am Ellbogen. "I only know one cook who did it this well on his second **attempt**."
"Really?"
Er lachte und zwinkerte ihr zu. "Yes. Me!"
Nun lachten sie beide. Erleichtert löste sich Cat aus der angespannten Haltung. Ihr rechter Arm war jetzt schwer wie Blei. Sie probierte die Creme und fand sie immer noch langweilig. Da fehlte definitiv etwas, etwas leicht Säuerliches, Spritziges ...
Cat warf einen Blick auf all die ungespülten Schalen und Geräte und seufzte tief.
Anscheinend ahnte Andy mal wieder, was ihr durch den Kopf ging. "Let me clear up today. Just relax now – go

---

attempt Versuch

and get some sleep. You deserve a **reward** for learning to do that."

"But ..."

Andy schüttelte den Kopf.

Cat nickte ihm dankbar zu und band die Schürze ab. "Thanks a lot."

"That's okay", sagte er lächelnd.

Cat hängte ihre Sachen auf und trat in den Flur. Einer Eingebung folgend drehte sie sich noch einmal um. "Andy?"

"Yes?"

"I'm really looking forward to our next Wednesday." *What am I talking about?,* fragte eine Stimme in ihr panisch. Er hatte ja noch nicht einmal gefragt, ob sie den nächsten Mittwoch zusammen verbringen wollten.

Doch er lachte nur und schaute um die Herdecke. "Me too. Sleep well, Kitten."

Gerade als Cat auf ihr Zimmer zuging und sich nur noch wünschte, alle Anziehsachen von sich zu werfen und unter ihre Decke zu kriechen, öffnete sich die Wohnungstür der Wilsons und Jack kam heraus.

"Oh, what a coincidence. I was just coming down to the kitchen to see you."

Unwillkürlich lächelte Cat ihn an. "Der ist leicht zu mögen", hätte ihre Mutter sicher gesagt.

"My mother told me that she's a bit worried about you going to meet your aunt in town tomorrow." Er drehte die Augen zur Decke. "'Something nasty might happen

---

reward Belohnung

to that young girl, running around all **on her own** in a strange city'", äffte er seine Mutter nach und grinste Cat verschmitzt an. Anscheinend hielt er die Sorge seiner Mutter für völlig überzogen. "So I promised her I'd go come with you and show you around. I know some good clothes shops, if you're interested."
Cat überlegte kurz. So wie sie Tante Josephine kannte, drückte sie ihr bestimmt etwas Geld in die Hand, womit sie sich etwas Schönes zum Anziehen kaufen sollte. Und so schlecht wie das Wetter die ganze Zeit war, konnte ein zusätzlicher Pullover nicht schaden. Vor allem, falls sie noch mal mit Andy ans Meer fuhr. Allein bei dem Gedanken wurde ihr schon kribbelig.
"Well, my aunt is coming by train, and we've planned to meet at the station. I should be able to find that quite easily."
"Yes, but it's quite a long way, especially if it**'s pouring with rain**. Better if I take you in my **MG**."
"You've got a sports car?"
"Yes, I **inherited** it from my grandfather."
"Wow", sagte Cat.
Jack lachte. "So, when shall I pick you up?"
"I've got an appointment at the hairdresser's at eleven o'clock. After that?"
"Are you going to Emily's?"

---

on one's own alleine
to pour (with rain) schütten
MG *britische Automarke*
to inherit erben

"Yes, your mother recommended it. My aunt's train gets in at two o'clock."
"Fine. I'll come and meet you at Emily's at **midday**. Looking forward to it!"

In ihrem Zimmer angekommen, ließ Cat sich seufzend aufs Bett fallen. Die Begegnung mit Jack hatte ihr für heute den Rest gegeben. Konnte das sein? Freute er sich wirklich darauf, mit der sechzehnjährigen Praktikantin seines Vaters im Schlepptau durch die Stadt zu ziehen? Sie ließ sich nach hinten fallen und raufte sich die Haare. Andy machte sie erst recht konfus, mit diesen ganzen kleinen – sie hielt inne – Andeutungen? Sie seufzte gequält.
Er hat dies und das und jenes gesagt. Ob er mich wohl mag? – Über dieses Geschwärme und Gekichere unter Mädchen hatte sie sich doch sonst immer lustig gemacht! Und jetzt spukten ihr gleich zwei Jungs und ihre Bemerkungen im Kopf herum?
Andy is your ***supervisor****, Cat,* schimpfte sie mit sich. *You shouldn't even be thinking about him that way.*
"Genau!", murmelte sie beim Zähneputzen. "Ich will Köchin werden. Deshalb bin ich hier. Ich brauche keinen Liebeskram!"

---

midday Mittag
supervisor Vorgesetzte(r)

Love at First Sight

Als Jack um Punkt zwölf Uhr das Friseurgeschäft betrat, war Cat noch lange nicht fertig. Sie hatte erst über eine halbe Stunde auf die Friseurin gewartet, und dann hatte es ewig gedauert, bis die Auszubildende endlich Zeit fand, ihr die Haare zu waschen, und nun besah sich die Friseurin gerade ihre wilden Locken.

"I think I know what **will suit** you", sagte sie und sah sie freundlich im Spiegel an. "You're such a pretty girl, you should **make the most of** it **instead of** hiding behind your hair."

"She's right about that", meinte Jack grinsend und setzte sich auf einen der Wartesessel. "You're definitely prettier than our other apprentice."

"He's a guy!", protestierte Cat lachend.

Auch die Friseurin lachte.

Jack grinste Cat so aufmunternd an, dass sie der Friseurin zunickte, und die machte sich sofort ans Werk. Bald unterhielten sie sich so angeregt zu dritt, dass Cat überhaupt nicht mitbekam, wie immer mehr Locken auf den Boden fielen. Nach gut zwanzig Minuten fuhr ihr

---

at first sight auf den ersten Blick
to suit sb jdm stehen
to make the most of sth möglichst viel aus etw machen
instead of anstatt

die Friseurin prüfend durch die Haare und zupfte noch einige Locken zurecht.
Mitten in seinem Satz hielt Jack inne und begann zu lächeln. "Wow!"
Blitzartig drehte sich Cat zum Spiegel. Ihre Haare umrahmten ihr Gesicht tatsächlich sehr vorteilhaft, wobei die Spitzen sich mit einem leichten Schwung nach außen drehten. Da sah sie ein ganz anderes, viel erwachseneres Mädchen aus dem Spiegel an. Cat schnappte nach Luft. "I never thought I could look like this!"
"Wow. You're incredibly pretty!", meinte Jack.

Auch Cats Tante Josephine war beeindruckt. Gleich nachdem sie ihre Nichte am Bahnhof innig umarmt hatte, lobte sie die neue Frisur. Und sie schien sich auch nicht weiter über diesen Jack Wilson zu wundern, der sich gewandt vorstellte und ein ruhiges Lunch-Café in einer schicken Einkaufspassage vorschlug. Dort ließ Tante Josephine sich zufrieden nickend eine Lobtirade auf Cat nach der anderen erzählen. Laut Jack Wilson war Cat viel zu bescheiden, unglaublich wohlerzogen und ihrer sympathischen Art und ihres Talents wegen sehr beliebt bei den Kollegen.
"We're so glad she feels at home at the Crown", behauptete Jack. "All our **employees** are a bit like family to us."
Cat verkniff es sich loszulachen, erzählte dann aber auch selber die positiven Highlights der letzten Woche.

---

employee Angestellte(r)

Als Josephine los musste, um pünktlich am Bahnhof zu sein, bat sie Jack, seinen Eltern den Dank der ganzen Familie Wilde auszurichten.
"I'm **relieved** to hear it's all going so well", sagte Josephine. "My brother Richard is very worried about his little girl!"
Jack und Cat begleiteten sie noch bis zum Bahnsteig. In Cats Portemonnaie schlummerten zwanzig Pfund, die sie für "something nice" ausgeben sollte – genau wie sie vermutet hatte.
"You're **unbelievable**, Jack", meinte sie, kaum dass Tante Josephine im Zug verschwunden war und er sie beifallheischend ansah. "You lied quite **shamelessly**! Your father **yells at** me all the time, and I don't think I've done anything at all so far to please your mother."
"You're wrong about that", sagte Jack ruhig.
Vorm Bahnhof wies er nach rechts, eine lange, verschlungene Straße hoch. Hier konnte man sehr gut erkennen, dass Aberdeens Stadtkern aus dem Mittelalter stammte.
"My mother really did say that you seemed to be a very **well-brought-up** girl and that you had excellent **manners**. And she doesn't say that about people very often. And Dad said that he'd never met anybody else your

---

relieved erleichtert
unbelievable unglaublich
shamelessly schamlos
to yell at sb jdn anbrüllen
well-brought-up gut erzogen
manners Manieren

age who was so **talented** – except Andrew, who was probably born in a **frying pan**."
Gegen ihren Willen musste Cat kichern.
Am Rathaus prangte das Stadtwappen mit den beiden Löwen, und ein Plakat verkündete den Wahlspruch der Aberdeener:
Nemo me impune lacessit!
Cat kannte den Spruch von der Royal Airforce:
Niemand reizt mich ungestraft!
Jack nahm ihre Hand, um sie zum Weitergehen zu bewegen. "And also", fuhr er fort, "I saw that you're already friends with Sunny, after just a couple of weeks. **Normally** she's terrible with new people!"
Sie kamen in eine Straße, in der sich viele hübsche Geschäfte aneinanderreihten. "There's always been a kind of **tension** in this team. It's been really exhausting for everyone. And suddenly, since you arrived, it's just **gone**. It can only be because of you." All das sagte er in einem solchen Brustton der Überzeugung, dass Cat schluckte. Aber Jack war noch nicht fertig. "And as for me ... well, it was love at first sight."
Das offenherzige Geständnis machte Cat völlig sprachlos.
"It's the truth", fügte er mit einem verschmitzten Grinsen hinzu.

---

talented talentiert
frying pan Pfanne
normally normalerweise
tension Spannung
gone weg

Cat begann hilflos zu lachen. “Wow, I’m so **embarrassed**! Do you know what my grandmother used to say in situations like this?”
“No”, meinte Jack, sichtlich amüsiert über Cats Verlegenheit. “Tell me!”
“‘Give me some schnapps!’”
Er lachte schallend.
“But I’m too young for that”, meinte Cat. “And anyway, I don’t like alcohol.”
“May I buy you some ice cream instead?”, schlug Jack vor. “There’s a nice **Italian place** in the shopping centre.”

Der Italiener war ganz in Bonbon-Farben gehalten. Leider war der Eisbecher, den Cat sich ausgesucht hatte, grauenhaft süß. Vielleicht deshalb dachte Cat an die sanfte Süße ihrer Vanille-Creme und dann fragte sie sich, ob sie ein Foto machen sollte, denn die schönen Pastelltöne hier hätten Andy sicher sofort zu einem sensationellen Nachtisch inspiriert, viel besser als diese eklig süße Kreation vor ihr.
Andy again*?! I seem to* ***have*** *him* ***on the brain*** *…*
Nach wie vor war Jack gut gelaunt und opferte sich bereitwillig, den Rest von Cats Eiscreme zu essen.
Als sie wenig später durchs Einkaufszentrum schlenderten, kaufte Cat Postkarten für ihre Freundinnen in Deutschland, einen Stadtplan, der dazu gedacht war,

---

embarrassed verlegen
Italian place Italiener
to have on the brain nichts anderes im Kopf haben

Mrs Wilson zu beruhigen, und schließlich landeten sie in einer kleinen Boutique.
"Over here", meinte Jack und wies auf eine Ecke. Er schien ein beinahe unheimliches Gespür für Cats Geschmack zu haben, denn ihr gefiel jedes Teil.
Bald hatte sie den richtigen Pullover gefunden. Er war eng geschnitten und hatte diese überlangen Ärmel wie der schwarze Pulli von Andy. Und es gab ihn, wie sie begeistert feststellte, auch in ihrer Lieblingsfarbe, einem kräftigen Fliederton. Sie zog ihn an, fand sich im Garderobenspiegel durchaus annehmbar, zupfte noch ein bisschen an der ungewohnten Frisur und als sie aus der Umkleide trat, betrachtete Jack sie von allen Seiten.
"Perfect", sagte er mit strahlendem Lächeln.
"Don't exaggerate", meinte Cat, lächelte aber zurück. Sie gefiel sich ja auch. Was Andy wohl sagen würde?
Oh God ...

A Long Story

"What next?", fragte Jack, während er Cats Einkäufe hinten auf den Notsitz packte. Inzwischen hatte es angefangen, in Strömen zu regnen. "Would you like to go out for dinner?"

Andy, schoss es Cat durch den Kopf. Montagabend. Fußball? Nein, so stark wie es regnete, hatte er sicher beschlossen, stattdessen für den Wettbewerb nächste Woche zu üben.

"Thanks, but I think I'll just make myself a sandwich at home. It's been a great day, but I'm a bit tired now", antwortete sie hastig.

Nur wenig später hielt Jack vor dem Crown, drängte Cat seinen Schirm auf und sie winkte ihm nach, als er durch den Regen davon fuhr. Er hatte sich kurzentschlossen mit ein paar Freunden verabredet und Cat sicher dreimal gefragt, ob sie wirklich nicht mitkommen wolle.

Aber daran dachte Cat nicht einmal im Traum. Sofort als sie sah, dass noch Licht in der Küche des Crown brannte, klopfte ihr Herz schneller. Sie lief unter das Vordach, schüttelte den Schirm aus und ging hinein. In der Schmutzschleuse war es schön warm, die Elektrik surrte beruhigend und aus der Küche zog ein verheißungsvoller Duft an Cat vorbei. Leise schlüpfte sie aus ihrer Windjacke und schlich unbemerkt in die Küche. Andy war ganz vertieft in die Betrachtung der Zutaten, die neben dem Herd bereitstanden.

“Meat, onions, vegetables, **spices**, **oil** …”, murmelte er. Cat trat unbemerkt näher und ließ ihren Blick über die Rezeptkarte und die blankpolierte Arbeitsfläche schweifen. Andy hatte sie noch immer nicht gesehen.
“Something’s missing”, überlegte er laut.
Und neben seinem Kopf tauchte wie aus dem Nichts eine Flasche auf. Cat wedelte lachend damit hin und her.
“The wine!” Verblüfft drehte er sich um und schluckte.
“What is it?”, fragte Cat.
“Your hair!”, brachte er heraus.
Verlegen strich sich Cat über die Haare. “Don’t you like it? It still feels a bit strange.”
“It’s awesome”, rutschte es ihm heraus. “Erm …” Er räusperte sich. “Did you come to say goodnight?”
No, I just couldn’t get you out of my mind. Na toll, das konnte sie ja wohl kaum sagen.
“I saw the light in the kitchen and I hoped I’d find you here.”
Andy zog die Brauen zusammen und schaute sie plötzlich kühl an. “You told me you were going to meet your aunt today. But Sunny said you went out with Jack instead.”
“I didn’t go out with Jack ‘instead’. He just showed me around a bit, and then I went to meet my aunt, like I told you.”

---

spice Gewürz
oil Öl

“What, you were with her until now?” Er warf einen ungläubigen Blick auf die Uhr. Es war bereits weit nach acht.

“We went shopping **afterwards**.” Sie zeigte auf ihren neuen Pullover, den sie gleich anbehalten hatte.

Einen Augenblick lang sah es aus, als wolle Andy ihr widersprechen, doch dann nickte er nur stumm.

“Andy – Jack and I”, brach es aus ihr heraus, “we’re ...” Sie stockte.

“... just friends?”, brachte er den Satz zu Ende. Es klang, als glaube er ihr kein Wort. “Well, I’m glad to hear that. I know young Mr Wilson. He doesn’t do anything unless **there’s something in it for** him.”

“Actually, I was the one who got something out of it”, gab Cat ein wenig eingeschnappt zurück. Sie wies nach draußen in den Regen. “He drove me into town and showed me around. And it was thanks to him that I found this **jersey**.”

“I see.” Andy warf einen Seitenblick auf Cats neues Outfit.

“What?”

“It’s a good colour on you”, grummelte Andy.

“And it’s the same style as your black one.”

“That’s my favourite jersey.” Nun musste Andy ein bisschen lächeln.

“Well, now this is mine”, meinte Cat und strich sich über die langen Ärmel.

---

afterwards danach
there’s something in it for sb jd hat etwas davon
jersey Pulli

Endlich begriff Andy, dass Cat versuchte, dem Gespräch eine versöhnliche Wende zu geben, und er wies auf die Haken, an denen die Schürzen hingen. “Would you like to stay? I have to make this **by myself**, to **work out** how much time I need, but you can watch and learn if you like.”

“Sure”, gab Cat erleichtert zurück. So stand sie gleich wieder neben ihm und bewunderte jeden seiner Handgriffe. Was er auch tat, es sah so einfach und routiniert aus. Dieses Strahlen in seinen Augen, das Leuchten – das war pure Leidenschaft, erkannte Cat.

Und es war ansteckend. Sie ließ Andy weiter seine Zwiebeln anbraten und holte sich Eier, Vanilleschoten, Sahne und Zucker. Sollte ihr Wilson eben auch den dritten Versuch vom Gehalt abziehen. Als sie sich schweigend neben Andy an die zweite Kochstelle stellte, meinte er nur kurz: “The vanilla crème again? Good luck. Be **patient**.”

“I’ll try”, sagte Cat.

Alles lief wie am Schnürchen, die Creme bekam genau die richtige Festigkeit, aber es roch dennoch nur nach langweiliger Vanille-Creme. Das fehlende Aroma – was konnte es bloß sein? Der Duft in Oma Käthes Küche war sommerlich, spritzig gewesen. Apfel? Apfelsaft?

Nur Augenblicke später hatte sie sich eine Flasche geholt, hob den Saft vorsichtig unter und schnupperte noch einmal. Ja – genauso hatte es gerochen! Da

---

by myself alleine
to work sth out sich etw ausrechnen
patient geduldig

konnte eigentlich ein Hauch Zimt nicht schaden? Cat versuchte es. Rund um die Schüssel verbreitete sich jetzt ein wunderbarer Duft. Sehr gut! Erleichtert richtete Cat zwei Schälchen an, stellte sie mit dem Rest kühl und wartete geduldig, bis Andy mit seinem Gericht fertig war.
"How's it going with the dessert?" Andy kam in den hinteren Teil der Küche, wo Cat gerade die Spülmaschine einräumte.
"I think **I did it**!"
"Really?" Er fasste an Cat vorbei an den Griff des Kühlschranks, öffnete die Tür und sah hinein. "Wow – that smells great! **I can't wait** to **taste** it!"
Er sah sie begeistert an und natürlich begann Cats Herz wieder aufgeregt zu flattern. Andy ging voran zum Herd, räusperte sich und Cat warf einen Blick auf seine Fleischplatte. Alle Gemüsebeilagen waren wie eine Farbpalette um die Filets angeordnet.
"That looks **impressive**."
"Will you try the meat, even though it's rare?", fragte er. Cat nickte und ließ sich ein kleines Stück Fleisch reichen.
"Tell me the truth", sagte er. "I might have been too careful with the pepper again."

I did it. Ich hab's geschafft.
I can't wait. Ich kann es kaum erwarten.
to taste probieren
impressive beeindruckend

Be professional! Cat konzentrierte sich nur auf Gewürze und Biss und drängte den Gedanken an das rohe Fleisch beiseite.
“Fantastic!”, fand sie.
Andy atmete auf, nahm das zweite Filet und legte es auf einen Teller – dieses Stück wirkte tatsächlich gut durchgebraten.
“That's for you!”, meinte er und zwinkerte ihr zu. Sie setzten sich an den Personaltisch einander gegenüber und begannen zu essen.
Andy schüttelte den Kopf. “It's too **hot** again for me, even if it is just black pepper”, meinte er resigniert. “What I really hate is **chilli**, **even though** it's so popular now. A few weeks ago I really **fancied** some chocolate. So I bought myself a very expensive bar, **took a** big **bite**, and it was ...”
“... **flavoured** with chilli?”, vermutete Cat und zog ein mitfühlendes Gesicht.
“Yes.” Andy schüttelte sich, allein bei dem Gedanken. “That was the most **unpleasant** experience of my life.”
“Really?”, fragte Cat und lachte.
Wieder sah er sie mit diesem hübschen, selbstverspottenden Grinsen an. “Well, there might have been a couple of others.”

---

hot scharf
chilli Chili
even though auch wenn
to fancy sth Lust auf etw haben
to take a bite reinbeißen
flavoured aromatisiert
unpleasant unangenehm

"What could be worse than chilli chocolate?", fragte Cat, noch immer amüsiert.
"Well … finding out that there was a direct link between the **emptiness** of our wine cellar and my father's **drinking habits**, for example." Andy lächelte, aber in seiner Stimme war etwas Bitteres.
"Oh", machte Cat betroffen. Jetzt fügten sich alle Puzzlesteine zusammen. "That must have been **awful**."
"Yeah, it was. My mother left him because of it and **moved** to Edinburgh to live with her sister. She wanted me to come with her, but I didn't want to leave my father on his own. It was my last year at school, too. But if the chef is always **drunk**, the restaurant **suffers**, and soon after that we lost our second star." Er trank einen Schluck Wasser und sah eine ganze Weile auf die Tischplatte. Der Ausdruck in seinen Augen tat Cat fast körperlich weh, sie wagte kaum, sich vorzustellen, wie das für ihn gewesen sein musste. "After that", fuhr er fort, "he went to pieces. He would just sit at the bar and drink. He didn't even open the restaurant. I didn't know what to do, so I called my mother. She was terribly **upset**. In the end she **persuaded** me to go and live with her in Edinburgh and finish school there. But then three months later Dad called her and said he was go-

---

emptiness Leere
drinking habits Trinkgewohnheiten
awful schrecklich
to move umziehen
drunk betrunken
to suffer (darunter) leiden
upset aufgebracht
to persuade überreden

ing to sell the Crown to Wilson. I guess he couldn't pay the **mortgage**."
Cat konnte Andys Stimme anhören, dass es ihm schwerfiel, davon zu erzählen, dennoch hatte sie das Gefühl, dass er sich die ganze Geschichte von der Seele redete. "But Wilson **hired** you as his apprentice?"
"Yes. I'll never forget that. Wilson called my mother and told her that my father **had showed up** to **sign** the **contract**, and then he'd disappeared. He left town. We don't know where he is any more. Wilson told my mother that Dad had said how good I was, and that he was very proud of me. My mother said she thought I had the **potential** to become a very good cook. And then she gave me the phone. Wilson asked whether I'd found another **apprenticeship**, and when I said I hadn't, he told me to come back to Aberdeen and work here, where I belonged. But he warned me that he expected a lot of his staff, and that I'd better not **disappoint** him."
Cat nickte. Das kam ihr bekannt vor. "He said exactly the same to me."
Andy lächelte, immer noch bitter. "Well, I heard **myself** saying, 'Yes, Chef!' and a few days later I was back in

---

mortgage Hypothek
to hire engagieren
to show up aufkreuzen
to sign unterzeichnen
contract Vertrag
potential Potenzial
apprenticeship Ausbildungsplatz
to disappoint enttäuschen
myself mich

this kitchen. Wilson's **teaching methods** seemed pretty **rough** to me at first, but I quickly realized that **discip-line** is part of our **profession**, too. Now I'm a bit older, I think, looking back, that my father just wasn't strong enough to deal with the pressure we're under every day." Wieder sah er Cat an, und als er einen Schluck Wasser trank, kam es ihr vor, als wolle er damit auch die Enttäuschung hinunterschlucken.

Schnell stand Cat auf und holte die Vanille-Creme aus dem Kühlschrank.

"Will you try it?" Cat war sich sicher, dass er das Ablenkungsmanöver durchschaute, doch als er probierte, weiteten sich seine Augen überrascht und bekamen den begeisterten Ausdruck zurück, der Cat so an ihm gefiel.

"Wow!", rief er. "It's simple, but very **tasty**. What did you add?"

"Apple juice and **cinnamon**."

"They weren't mentioned in the recipe, were they?"

"No, they were my idea", sagte sie schnell. "My teacher told me that I should learn to trust my intuition."

Er lächelte und sagte dann leise: "Great cooking feels like touching the person you love for the **very first** time. Every time."

---

teaching method Lehrmethode
rough grob
discipline Disziplin
profession Beruf
tasty schmackhaft
cinnamon Zimt
very first allererste

"Is that what your father used to say?", fragte Cat sanft. "You really miss him, don't you?"
"Yes", antwortete er.
Sie atmete durch. "Well, was your entrecote as good as your father's?"
"Yes, I think so", meinte Andy und grinste ein bisschen stolz.
"Well, he earned the Crown's the second star with that. And you're going to get us a third!", sagte Cat überzeugt.
Andy prustete los. "Three stars? You **reckon**?"
Es galt als unglaublich schwierig, einen dritten Stern zu ergattern. Ihn zu behalten, war noch schwieriger.
"Why not? I believe in you. I think you can do it."
"Thank you, Kitten. That means a lot to me. It really does."
Als er wieder auf diese liebevolle Weise 'Kätzchen' zu ihr sagte, musste Cat schlucken. Wieder schien sein Blick sie etwas ungeheuer Wichtiges fragen zu wollen und sie konnte ihre Augen kaum von seinen lösen …

Aus der Schwingtür zum Hinterhof drang etwas später der Geruch nach der Basissuppe, die Andy für den morgigen Tag vorbereitete. Cat hatte die Arbeitsplatten schon abgewaschen und war draußen, um die Abfälle in den Container zu werfen. Schnell rannte sie wieder hinein. Dem Geruch nach war es höchste Zeit, Wasser anzuschütten –

---

to reckon meinen

“Oh, **shit**!”, fluchte Andy und sah jäh von dem Rezeptkasten hoch. Er war wohl noch auf der Suche nach dem passenden Dessert für den Kochwettbewerb.
“You’re tired”, murmelte sie und zog den Suppentopf schnell von der Herdplatte. “Did you find a dessert?”
“No”, gab er zurück und winkte ab. “There’s a reason why Wilson prepares most of the desserts. I’m no good with sweet things.”
“That can’t be true”, meinte Cat lächelnd. “I know you like sweet things.”
Andy grinste plötzlich, stellte sich vor sie und zog eine Augenbraue hoch. “Ah. So that must be why I like you?”
Cats Atem stand.
Er beugte sich ein wenig zu ihr hinunter und sah ihr direkt in die Augen. “May I?”
Er wollte sie doch nicht etwa küssen?!
Doch er richtete sich wieder auf, immer noch grinsend, und wandte sich wieder dem Topf mit der Basissuppen zu.
Cat schüttelte den Kopf. Hatten hier eigentlich alle Jungs den Verstand verloren? Jack faselte von Liebe auf den ersten Blick und Andy fand sie … süß? Und – er hätte sie beinahe geküsst, oder nicht?

Nur wenig später stiegen sie endlich die steile Treppe zu ihren Zimmern hinauf. Aus Wilsons’ Wohnung drang noch Licht in den Flur, außerdem lauter Fernseherlärm

---

Shit! Scheiße!

und Mrs Wilsons hektisches Lachen. Anscheinend sahen sie sich eine Talkshow im Fernsehen an.
"Don't they ever sleep?", fragte sich Cat murmelnd.
Andy grinste jetzt von einem Ohr zum anderen. "Ah – you**'ve** just **discovered** the restaurant's big secret. The Wilsons are in fact … vampires!", raunte er ihr zu.
"Don't!" Cat hätte beinahe laut losgelacht. Nun sah Andy sie mit einem so warmen Gesichtsausdruck an, dass sie mit einem Mal nur noch den Wunsch hatte, ihm um den Hals zu fallen. Und noch bevor sie ihren Verstand einschalten konnte, hatte er nach ihrer Hand gegriffen und strich vorsichtig mit dem Daumen darüber.
"Sorry for making you **blush**", flüsterte er. "And as for Jack: please don't think I'm being nasty about him for no reason. I'm just …"
… *what?* In Cats Kopf sang John Lennon "… a jealous guy", als brächte er Andys Satz zu Ende. Na toll, jetzt hörte sie schon Stimmen, wenn sie mit Andy sprach.
Er beugte sich vor und Cats Herz machte einen Satz.
I'm going to faint if he kisses me now …
Die Wohnungstür der Wilsons flog auf.
No!
Sofort zuckte Andys Hand zurück und schon schallte die Stimme von Mrs Wilson über den Flur: "Paxton!"
"Not now!", stöhnte Andy leise, antwortete aber laut und nicht ohne die Augen zu verdrehen: "Yes, Mrs Wilson?"

---

to discover entdecken
to blush erröten

"My husband wants to know if the soup is ready."
Obwohl Mrs Wilson im Gegenlicht ihres Wohnzimmers stand, glaubte Cat, es gehässig in ihren Augen blitzen zu sehen. Ganz sicher war die alte Ziege aufgeblieben, nur um sie zu kontrollieren.
"Yes, Mrs Wilson", sagte Andy.
"Let the girl go to bed now. You have to get up early tomorrow to prepare for the wedding."
"Good night, Andy. Thanks – I learned a lot", sagte Cat leise und drückte ihm schnell die Hand, während Mrs Wilson ungeduldig mit dem Absatz ihres Pantoffels auf den Holzboden tappte.
"Sweet dreams", flüsterte Andy zurück.

Embraced and Embarrassed

Dear Mel!
I'm so **confused** *– I need some* **sisterly** *advice!*

Cat starrte auf den Bildschirm. Der nette Stadtbummel mit Jack, dieser halbe Streit mit Andy seinetwegen, die furchtbare Geschichte über Andys Vater und dann ... plötzlich ... Cat schloss die Augen. Es waren doch höchstens ein paar Sekunden gewesen, in denen Andy ihre Hand gehalten hatte. Wieso konnte sie diese Berührung dann immer noch spüren? Und warum zog ihr Herz so furchtbar? Seufzend schrieb sie weiter:

Andy took my hand when we said goodnight, and suddenly my heart was beating so loudly that I think even Mrs Wilson must have heard it.

Gott, klang das albern.

He was trying to tell me something, and just for a moment I thought he was about to kiss me! I must ***have misunderstood*** *...*

---

embraced umarmt
confused durcheinander
sisterly schwesterlich
to misunderstand (misunderstood, misunderstood) missverstehen

Ein Missverständnis? Kopfschüttelnd fuhr Cat fort:

Jack Wilson, the head chef's son, showed me around in town today, and when I got back Andy was ***kind of annoyed*** *with me. He almost sounded jealous, but I don't know whether he really thinks of me that way or whether* ***I've got*** *it all* ***wrong****. Oh Mel –* ***are*** *you really serious? Do you think I should kiss the cook?!*

Na toll – sicher würde Melanie als Erstes fragen, was Cat denn für ihn fühlte?
So what do I feel? Und wieder sah sie seine Augen vor sich, sein Lächeln, immer noch konnte sie seine Hand fühlen und seine Stimme hören. "May I?", hatte er gefragt. Unwillkürlich klopfte ihr Herz wie wild, in ihrer Magengrube pochte es und zog. *I like him so much … no – I'm really* ***fond of*** *him … no, that's not enough … I'm … I'm …* Sie schnappte nach Luft und wusste, dass sie die Mail nicht abschicken musste, um Klarheit zu bekommen. Cat klappte das Notebook zu.
I'm in love!
Sie stürmte ins Bad und sah sich in die Augen. "You really should know better, you stupid girl!"

---

kind of irgendwie
annoyed sauer
to get sth wrong etw falsch verstehen
to be fond of sb jdn lieb haben

Wie immer war Sunny schon in der Küche, als Cat am nächsten Morgen herunterkam. Die halbe Nacht hatte sie sich hin und her gewälzt. Mal hätte sie quietschen mögen vor lauter Glück, dann wieder hatte sie Angst bekommen und war völlig verzweifelt gewesen.
Seufzend sah sie auf die große Edelstahluhr an der Stirnwand der Küche. Das Frühstück war schon vorbei, und Sunny arbeitete schnell und konzentriert. Das Crown bewirtete heute eine Hochzeitsgesellschaft, das war immer eine besondere Herausforderung.
"Good morning!", flötete Sunny ihr ins Ohr. "Your hair looks great. Emily's really an artist!", befand sie und fügte ohne Luft zu holen hinzu: "I found your vanilla crème in the fridge. May I eat the rest?"
"Sure", gab Cat wortkarg zurück. Tapfer stellte sie sich an die Spüle und begann die schon daliegenden Tomaten zu waschen, während ihre Kollegin sich die Rührschüssel nahm und gleich einen Esslöffel hineintauchte. Sie leckte etwas Creme vom Löffel und sah Cat überrascht an. "Yummy!"
"Thanks", sagte Cat. Sie freute sich über das Kompliment, konnte aber ein lautes Gähnen nicht verhindern.
"**What's up** with you?", fragte Sunny.
"Andy and I worked until midnight, and then I couldn't sleep."
Cat fiel ein, dass sie ja eigentlich sauer auf Sunny war. Sie sah sich über die Schulter nach ihr um. "Did you tell Andy about me going out with Jack?"

What's up? Was ist los?

"Yes", sagte Sunny verdutzt. "My mother asked me to bring the cake plate back, so I saw Andy in the kitchen. He was worrying about you going into town on your own. I was just trying to **reassure** him." Sunny hielt inne und sah sie betroffen an. "Oh … I see … Are you angry with me?"
Cat legte sich die Tomaten zurecht und schnitt sie schnell und präzise. "No", sagte sie mürrisch. Sie trocknete sich die Hände an der Schürze ab und setzte die Kaffeemaschine in Gang. "I just don't want Andy to be angry. He doesn't seem to like Jack."
Sunny stöhnte auf. "I know. That's because …", sagte sie, unterbrach sich gleich wieder und sah Cat misstrauisch an. "Has Andy told you about his father yet?"
"Yes, he did, last night." Cat schüttelte seufzend den Kopf. "He said his father was an **alcoholic** and that that's why he lost the restaurant. It must have been really hard for Andy."
"It was. And it still is. My uncle's still not **convinced** Andy's **reliable**. Because of his father, you see … We all hope he'll relax if Andy wins that competition."
"Oh, I see. So that's why Andy's taking it so seriously?"
"Yes. Anyway – when Jack started business school, he came home with his head full of plans and ideas. One

---

to reassure beruhigen
alcoholic Alkoholiker
convinced überzeugt
reliable zuverlässig

was to start a kind of **high-class** restaurant **chain**, with the Crown as the first of the group."

Cat dachte kurz darüber nach. Es hatte sicher Vorteile, rein rechnerisch, wenn man mehrere Restaurants besaß, da man die Lebensmittel in größeren Mengen einkaufen konnte. Aber gerade die Sterne-Restaurants lebten doch von ihrer stets wechselnden Küche, die dem Gaumen der Gäste immer etwas Neues und Einzigartiges bot.

"Cooking at the level we do here is far more than just copying a **successful** dish again and again, like chain restaurants do", meinte sie deshalb.

"That's exactly what Andy said", anwortete Sunny. "Jack was very disappointed."

"What did Wilson say?"

Sunny begann zu lachen. "Can't you guess? It was as if somebody had told Picasso that **printing** was more **effective** than drawing."

Cat verzog das Gesicht und war froh, dass sie den Wutausbruch des Küchenchefs nicht mitbekommen hatte.

"Jack started to **argue**", fuhr Sunny fort. "And then suddenly Wilson yelled that, **unlike** Andy, Jack **didn't have a clue** about food and it would be better if he started

---

high-class hochwertig
chain Kette
successful erfolgreich
printing Drucken
effective effektiv
to argue streiten
unlike anders als
to not have a clue nicht die leiseste Ahnung haben

his own business. Jack **was gnashing** his **teeth**, but he **didn't dare** argue with his dad. Since then, though, he hasn't missed a chance to make life difficult for Andy."

Vom Flur her waren Geräusche zu hören und Sunny legte schnell den Finger an die Lippen. Cat nickte. Schon standen Wilson und Andy im Türrahmen.

"**What the hell** are you doing?", fuhr der Küchenchef seine Nichte an. Anscheinend passte es ihm nicht, dass sie hier plaudernd mitten in der Küche stand und aus einer Schüssel naschte statt zu arbeiten. Immerhin galt es, ein Hochzeitsmahl für sechzig Personen zuzubereiten.

Wilson nahm Sunny mit einem Ruck die Creme-Schüssel weg und schaute hinein. Wie in Zeitlupe konnte Cat sehen, dass sich seine Nasenflügel blähten und seine Augen überrascht weit wurden.

"What's this?"

"I made it, Chef", rief Cat. "It's my version of vanilla crème. Sunny was just trying it. I wrote down the ingredients in the **payment book** last night."

"Spoon", kommandierte Wilson.

Völlig gelassen reichte Sunny ihm einen sauberen Löffel.

Wilson probierte und grunzte angetan. "Not bad. How long will it take you to make three bowls of that?"

"Huh?", machte Cat verblüfft.

---

to gnash one's teeth mit den Zähnen knirschen
to dare wagen
what the hell was zum Teufel
payment book Abrechnungsbuch

Andy hingegen schaltete sofort. "Twenty-five minutes, Chef."
Wilson grinste. "I was planning on making a lemon mousse, but it's so cold today that I think the guests would prefer vanilla and cinnamon. What's that little kick you've given it? Alcohol?"
"No, it's apple juice", antwortete Cat.
Grinsend wandte sich Wilson zu ihr um. "Good. Think how you want to decorate it!" Genussvoll löffelte er den letzten Rest der Creme und trat an seinen Herd.
Cat atmete hektisch durch.
"**Don't panic**, Kitten", flüsterte Andy ihr über die Schulter zu. Die Sanftheit in seiner Stimme jagte Cat einen Schauer über den Rücken.
Wie zur Ernüchterung machte Sunny das Radio an.
"It's nine a.m. This is the BBC …"
Während wenige Minuten später die ersten Takte eines Hits von Kelly Clarkson durch die Küche schallten, fand sich Cat mit kribbelnder Kehle am Schneidetisch wieder.
Is this a dream?, sang die sanfte Stimme. *If it is, please don't wake me from this high …*
Cat versuchte sich zusammenzureißen, aber sie konnte Andy kaum ansehen. Er wies auf den großen Topf am Haken über der zweiten Platte.
"Cook the rice, Kitten, please", sagte er.
You found me when no one else was looking. How did you know just where I would be? You broke through all

---

Don't panic. Keine Panik.

of my ***confusion****, the ups and the* ***downs****, and you still didn't leave …*
Gleichzeitig begannen sie beide zu lächeln, sahen sich an und Andy schüttelte langsam den Kopf.
So here we are – that's pretty far, when you think of where we've been, sang Kelly Clarkson jetzt.
"Coffee's ready!", flötete Sunny um die Ecke und stellte zwei Becher auf die Arbeitsplatte.
No going back *–* ***I'm fading out*** *all that* ***has faded*** *me* ***within****.*
Andy schüttete ihnen beiden eine Tasse Kaffee ein und fügte sorgsam einen guten Schuss Sahne für Cat hinzu.
… and I was hiding, till you came along and showed me where I belong –
"It sounds like she's singing about us", flüsterte Andy ihr leise zu. "What do you reckon?"
Cat wusste, dass sie endlich auch etwas dazu sagen musste.
No going back …
Sie beugte sich zu ihm und flüsterte: "Yes, it does."
"I can't stay professional any longer. Can you?"
"No", gab sie zu.

---

confusion Verwirrung
down Tief
no going back kein Zurück
to fade out ausblenden
to fade verkümmern
within innen

"Two hours **to go**", kommandierte Wilson. "Hurry! And Cat?"
Es war das erste Mal, dass er sie bei ihrem Spitznamen nannte.
"Yes, Chef?", fragte sie schnell.
Ohne um die Ecke zu schauen, rief er herüber: "I need you to assist us on the buffet. The last **trainee's** uniform should fit you. He was pretty **skinny**."

Vier Stunden später starrten Andy und Cat sprachlos den Schein an, den Wilson ihnen mit der Bemerkung "A **tip** from the bride's father!" auf den Personaltisch gelegt hatte. Fünfzig Pfund! "Go out and have fun."
Außerdem hatte Wilson eine Sofortbild-Aufnahme von den Dessertschalen mit der Creme gemacht und das Foto an Cats Rezeptkarte geheftet.
"You should buy a box to put your recipe cards in", hatte er gemeint.
Man hatte sie schon im Gastraum mit Lob überhäuft und alle waren immer noch überwältigt davon. Normalerweise wurde höchstens Wilson an einen der Tische bestellt und der stieß dann bei seiner Rückkehr so was wie ein gequetschtes "**Compliments** from table nine, Paxton. They liked the turkey" hervor.
Nun saßen Cat und Andy da und starrten die Fünfzig-Pfund-Note an. Sunny hatte ebenfalls ein paar Pfund

---

to go noch
trainee Auszubildende(r)
skinny mager
tip Trinkgeld
compliment Kompliment

bekommen und war gerade fröhlich pfeifend nach Hause gegangen.
Als der Putztrupp hereinkam und begann, um Cat und Andy herum sauberzumachen, nahmen die beiden das Geklapper nicht einmal wahr.
"I need a break", meinte Cat.
"Me too. And I have to take a shower – right now", stimmte Andy zu. "But what shall we do with the money? **Share** it?"
"Spend it." Cat lachte. Wenn das kein Wink des Schicksals war! "Why don't we go out?", schlug sie vor.
Sofort grinste Andy. Er wusste anscheinend ganz genau, woran sie dachte.
As far away from Mrs Wilson as possible ..., sagten ihre Augen zueinander. Ihr Blick sprang zur Uhr. Es war erst kurz nach vier.
"Shall we have a shower, change clothes and meet at the back door?", fragte er.
"Five o'clock?"
Andy nickte.
In ihrem Zimmer angekommen, ließ sich Cat hinter ihrer Tür an den Rahmen fallen, stand einfach still da und spürte lächelnd der Wärme nach, die sich von ihrer Brust aus in ihrem ganzen Körper ausbreitete. Dann lief sie ins Bad und sprang unter die Dusche.
In ein großes Handtuch gewickelt, holte sie ihren MP3-Player aus der Reisetasche und klappte ihr Notebook auf.
Da wartete schon eine Mail von Mel.

---

to share teilen

Hey Sis,
How are you? Kissed the cook yet? Got a contract already? Ready for take-off? I say: **go for it!**
Love,
Mel xx

Dear Mel.
Quick answer – I'm in a hurry! The restaurant was closed today for a wedding, we did very well, and the guests gave Andy and me a huge tip (50 pounds!!!).
So tonight I'm going out with Andy to celebrate. Let's **chat** tomorrow night – I promise I'll tell you every little detail, okay? ;-)
Love and hugs,
Cat xxx

Mit fliegenden Fingern suchte Cat im Internet noch nach Kelly Clarksons "You Found Me", bezahlte, ohne mit der Wimper zu zucken, mit der "Notfall"-Kreditkarte und stöpselte ihren MP3-Player ein. Die 99 Cent durfte ihre Mutter ihr gerne vom Taschengeld abziehen.
Jetzt aber schnell. Haare föhnen, schminken, Jeans, Top, Schuhe, Jacke, ein letzter Blick in den Spiegel.
"Ready for take-off?", hatte Mel gefragt.
"Yes. I am", sagte Cat zu ihrem Spiegelbild.

Go for it! Nichts wie ran!
to chat chatten

Nebenan klappte die Zimmertür. Cat machte ihre Tür auf und schon standen sie sich gegenüber und grinsten sich an.
"**Let's get out of here**", flüsterte er und nur einen Augenblick später waren sie auf der Treppe.

Andy sah unschlüssig in die lange Einkaufszone mit den einladenden Schaufenstern von Boutiquen und Cafés und schaute sich um. Unweit der Kreuzung, an der sie standen, gab es eine Imbiss-Bude. Dahinter begann der große dunkle Park, durch den sie nach dem Fußballspiel gegangen waren.
"Are you thinking what I'm thinking?", fragte er und zeigte grinsend auf den Imbisswagen.
"Fish and chips? Good idea!", stimmte Cat zu.
Schon standen sie an einem Stehtisch und aßen mit den Fingern heißen, weinessigschwangeren Backfisch.
"I'd like to take a taxi somewhere", schlug Cat vor. "I've always wanted to do that – and pay for it **myself**, I mean!"
"Me too!", meinte er begeistert. "Well, where shall we go? Cinema? Dancing?"
"I'd love to go for a night walk on the beach."
Er nickte sofort. Wer brauchte schon Kinos oder eine überfüllte Tanzfläche? Spazierengehen. Zusammen sein. Das reichte vollkommen.

Let's get out of here. Lass uns hier verschwinden.
myself selbst

Im Taxi setzten sie sich beide auf die Rückbank. Andy tippte sich ans Ohr und wies auf Cats Kopfhörer, die sie nachlässig in die Brusttasche ihrer Jeansjacke gestopft hatte.
"What were you listening to?", fragte er.
Beinahe wäre Cat rot geworden, drückte aber statt einer Antwort den "Play"-Knopf, reichte Andy einen der Ohrstöpsel und nahm selbst den anderen. Er schloss die Augen und lächelte.
"I knew it", sagte er leise.
Sie hörten den Song zu Ende an und ließen sich wirklich bis zur Strandpromenade kutschieren. Der Himmel war klar und langsam sank die Sonne, während schon ein blasser Mond am dunkelblauen Abendhimmel stand. Sie sahen sich das Schauspiel eine Weile an.
"Did you think that we'd be here tonight?", fragte Andy schließlich. "It's crazy, isn't it?"
"Perhaps *we're* crazy", meinte Cat.
Die ersten Sterne blinkten am Himmel, der Mond begann zu strahlen und der Schimmer auf dem Meer wechselte fast übergangslos von Kupfer zu Silber.
Aus einem der Promenadencafés schwappte leiser Blues zu ihnen herüber, genau die Sorte Musik, bei der sich ein tanzendes Paar aneinanderschmiegt. Sie mussten beide lachen und endlich hielt Andy Cat die Hand hin.
"I know what'll keep us professional", meinte er, grinste verschmitzt und holte sein Handy aus der Brusttasche. "Shall I call Mrs Wilson and ask her to interrupt us again?"
Cat prustete los und er fiel in ihr Lachen ein.

"I'm so glad we've finally managed to escape her **eagle eyes**", antwortete Cat kichernd.
"So shall we make the most of it?"
Da war es wieder. Das leise Ziehen in ihrem Magen und das Bedürfnis, tief Luft zu holen.
"And do what?"
Now!
Andy wandte den Kopf wieder zu Cat. Er zog sanft an ihrer Hand, damit sie ihn ansah, und Cat fühlte seine Lippen auf ihren. Urplötzlich war es ihr ganz egal, was sie da gerade Unvernünftiges taten. Dieser Kuss fühlte sich so unglaublich an. Sie drückte sich an ihn und küsste ihn, bis sie beide kaum noch Luft bekamen. Als sie sich voneinander lösten, sah er so glücklich aus, dass ihr Herz einen Satz machte.
"Wow!", meinte Andy. "So you're not going to **slap** me?"
"No. I think I **forgive** you." Cat legte ihm die Hand in den Nacken und er umfing sie mit beiden Armen. So aneinandergeschmiegt standen sie lange an der Brüstung.
"Yesterday morning I promised myself I'd say something." Andy sah Cat tief in die Augen. "But I really thought you just wanted us to be friends."
Cat begann zu lachen. "No way! I've been trying **desperately** not to stare at you every day", gab sie zu. "I couldn't believe that you might ..."

---

eagle eye Adlerauge
to slap ohrfeigen
to forgive (forgave, forgiven) vergeben
desperately verzweifelt

"… fall in love with a girl like you?" Er zog spöttisch eine Augenbraue hoch und strich ihr dann sanft die Haare aus dem Gesicht. "Take a look in the mirror, Kitten. I was lost the minute you walked into the kitchen." Er legte den Kopf schief und grinste. "I think it's the way you blush when you're embarrassed."
Sie boxte ihm vor die Schulter. "That's your fault!"
Der Seewind wurde kalt und Cat schlug bibbernd den Kragen ihrer Jacke hoch. Andy öffnete prompt seine Windjacke und machte eine einladende Geste.
"Oh, right", spottete Cat. Das war so ein Klischee!
"Come on! I'm just being **selfish**! I'm cold too."
Sie lachte, schmiegte sich an, stellte sich kurz auf die Zehenspitzen und küsste ihn. Endlich war alles ganz einfach.

Sie waren fast drei Stunden auf der Promenade gewesen. Als sie schließlich wieder das Crown erreichten, waren sie völlig durchgefroren und Andy machte erst mal einen Tee. Er schmeckte fantastisch und wärmte Cat von innen durch. Andy nahm ihr die Tasse ab und behielt danach ihre immer noch kalten Hände in seinen.
"My father would love that tea", lobte Cat.
"I'll send you some when you go home. It's the best Indian Darjeeling First Flush."
When you go home …
1500 Meilen zwischen ihnen. Cats Herz wurde ganz schwer bei dem Gedanken.

---

selfish egoistisch

"Don't you think Wilson will give me a contract?", fragte sie.
"Well, I hope so", sagte Andy ernst. "He did say something today. 'She's good at desserts and decoration ... but she needs to show me more.' I guess he**'ll test** you **somehow**. He did that with me before he'd **let** me take part in the competition. Is there anything you don't like cooking?"
"Fish", sagte Cat prompt. "I'm glad that you normally do the fish dishes. I have no idea how to cook them properly."
Andy stand auf und kam mit einer Rezeptkarte für gebratene Forellenfilets wieder.
"After we try out my dessert tomorrow night, remind me to show you how to cook trout. Don't worry – it's easy!" Er küsste sie sanft auf die Stirn, aber Cat hob sofort den Kopf und gab ihm den Kuss auf den Mund zurück.
"**Have mercy on** me, Kitten – otherwise I won't be able to keep my hands to myself when you're around!"
"Okay. Have you already decided what you're going to make for dessert?", fragte sie, obwohl sie eigentlich gar keine Lust mehr zum Reden hatte – man konnte sich so schlecht dabei küssen.
"I'm not sure yet. I need something classical, but it has to be kind of **surprising**", seufzte Andy.

---

to test testen
somehow irgendwie
to let sb do sth jdm erlauben, etw zu tun
to have mercy on sb mit jdm Erbarmen haben
surprising überraschend

"What about the vanilla crème? You know how to do it, and it seems to be good enough to **impress** people ..." Urplötzlich versteinerte Andys Miene und er ließ ihre Hände los. "Thanks, but no thanks", sagte er kühl.
"Why not? I'm just trying to ..."
"... help? What, you think I can't win this competition on my own?"
"No, I ..." Cat war verdutzt. So hatte sie das doch gar nicht gemeint!
"You **underestimate** me, Cat. I've got **plenty of** ideas. I certainly don't need any help from you!"
"That's just false pride", regte sie sich auf.
"It's my pride that's saved me from going under here, more than once!", antwortete Andy.
"But you want to win, don't you?"
"Of course!" Er sprang so unvermittelt auf, dass Cat zusammenzuckte. Fahrig strich er sich die Haare aus dem Gesicht und sah sich dann zu ihr um. "I thought you said you believed in me?"
"But I ..."
"No! I think you've said enough, don't you? Thanks, Cat, but I don't want to discuss this any more." Er ging zur Tür, ohne sie noch einmal anzuschauen. "Good night."

---

to impress beeindrucken
to underestimate unterschätzen
plenty (of) eine Menge

Cat saß lange vor ihrem Tee und kämpfte mit dem Bedürfnis, den Becher an die Wand zu werfen. Stattdessen räumte sie die Tassen irgendwann mechanisch in die Spülmaschine und schlich auf Zehenspitzen die Treppe hinauf. Auch beim Öffnen ihrer Tür machte sie kein Geräusch.

Trotzig schluckte sie die aufsteigenden Tränen hinunter. Wie ein Film lief der vergangene Tag in ihrem Kopf ab und jedes Mal, wenn sie an den ersten Kuss dachte, hätte sie am liebsten losgeweint.

How are we going to work together tomorrow? I just want to run away and hide.

Sie ging alle Möglichkeiten durch: An seine Zimmertür hämmern, bis er aufmachte? Morgen früh einfach so tun, als sei gar nichts passiert? Gleich nach Hause verschwinden? Nein, das auf keinen Fall – diese Wochen hier im Crown waren doch eine Riesenchance für sie. Außerdem hatte sie so kämpfen müssen, bis ihr Vater erlaubt hatte, dass sie sich zur Köchin ausbilden ließ. Er würde ihr nie wieder vertrauen, wenn sie jetzt einfach aufgab.

Die halbe Nacht lang wälzte Cat sich hin und her, bis sie schließlich in einen unruhigen Schlaf voller wirrer Träume fiel.

A Cookery Test

Am nächsten Morgen ging Cat nicht wie sonst an den Personaltisch, um einen Tee zu trinken und zu frühstücken – in Andys Gegenwart hätte sie ohnehin keinen Bissen heruntergebracht. Sie begann sofort zu arbeiten. So war sie noch immer hinter den Backöfen verschwunden, als der Betrieb losging. Nur das leise "tack, tack" des großen Messers verriet, dass sie da war.

"Catherine", rief Wilson ernst. "Why didn't you come to breakfast? I need to talk to you. Come through to the restaurant, please."

Cat fühlte sich ertappt, aber sie hörte auch Freundlichkeit aus Wilsons Stimme heraus. Was er wohl wollte? Sie bekam doch nicht etwa ihren Vertrag? Ausgerechnet jetzt?

Sie schlich an Sunny vorbei und riskierte nur einen Blick aus den Augenwinkeln auf Andy. Er stand am Herd und schwitzte Zwiebeln an: Normalerweise hätte er sie jetzt aufmunternd angelächelt. Doch er hob nicht einmal den Kopf, seine Augen blieben auf die Pfanne geheftet. Er griff in eine der Schalen, und allein die Art, wie er die Zutaten ins heiße Fett warf, zeugte von so viel Wut, dass Cat unwillkürlich ihr Kinn hob und weiter in den Gastraum stiefelte.

"A cookery test?", fragte Cat im nächsten Moment entsetzt.

Forelle an Julienne-Gemüse. Genau wie Andy gesagt hatte. Wilson würde sie den Fisch braten lassen und sie würde sich bis auf die Knochen blamieren.
Und als wollte der Chef ihre Befürchtungen bestätigen, sagte er: "Sunny's preparing the fish right now. All you have to do is **fry** it. Nothing difficult. Once you**'ve passed** the test, I have a surprise for you."
Mist, warum hatte sie sich das Fischbraten nicht längst von Andy zeigen lassen?
Kitten?
Yes?
Will you stay?
Damit hatte es angefangen. Cat schluckte wieder. Ob Andy überhaupt noch wollte, dass sie blieb? Und wollte sie unter diesen Umständen noch bleiben?
I'm behaving like someone out of a bad ***romantic novel****.*
Come on, Cat! You have to concentrate now.
Als könnte er ihre Gedanken lesen, grinste Wilson leicht spöttisch und ging voran in die Küche.
"Are we on time so far? ... Okay, everyone come over here, please. Catherine is going to fry some fish today!", rief der Chefkoch die Kollegen. Anscheinend hatte er einen Heidenspaß daran, Cat vorzuführen.
Andy fuhr herum und starrte sie entsetzt an. Hilfesuchend verzog Cat das Gesicht. *I have no idea how to do this!*

---

to fry braten
to pass bestehen
romantic romantisch
novel Roman

Andy biss sich auf die Unterlippe, dann bekam sein Gesicht einen entschlossenen Ausdruck und er nickte. Was sollte das bedeuten? Dass sie eine Blamage verdient hatte?
Doch kaum war Wilson hinter seinem Herd und aus ihrem Blickfeld verschwunden, rieb sich Andy schnell seine Hände, als würde er sie waschen und zeigte in den hinteren Bereich der Küche.
Wash your hands! Cat hätte es vor lauter Nervosität wirklich beinahe vergessen – das wäre ein sehr dummer Fehler gewesen. Schnell rannte sie an Wilsons Arbeitsstation vorbei zur Spüle, wusch sich die Hände und trat danach an den Herd.
Wilson wies stumm auf den Fisch. Die Forellen waren hauchdünn filetiert. Nur ein falscher Griff beim Wenden und sie würden in tausend Krümel zerfallen.
Der Küchenchef platzierte sich mit überkreuzten Armen und finsterem Blick seitlich der Kochstelle. Auch Sunny, der Souschef und Wiggle traten hinzu und alle drei bemühten sich, zuversichtliche Gesichter zu ziehen.
Andy tippte Sunny an und forderte sie mit einem Kopfnicken auf, sich genau zwischen ihn und Wilson zu stellen, sodass er über ihre Schulter hinweg Cat ansehen konnte.
Es ging los. Cat atmete tief durch, stellte die Pfanne auf die Platte und griff nach der Ölflasche. Schnell hob sie den Blick und lächelte Wilson so selbstbewusst an wie sie konnte.
Andy zeigte ihr die halbe Breite seines kleinen Fingernagels an. Sie folgte seinem Rat, sah zu, wie das Fett sich in der Pfanne verteilte, holte sich fast instinktiv den

breitesten Wender vom Haken und legte ihn griffbereit neben die Pfanne. So viel wusste Cat dann doch: Fisch garte schnell. Wenn sie erst nach Werkzeug suchen musste, konnte es schon zu spät sein und das dünne Filet würde anbrennen. Aus den Augenwinkeln konnte sie sehen, wie Andy zufrieden nickte. Cat blickte in die Schale mit dem Fisch.

"It isn't **seasoned**", stellte sie fest.

Andy schüttelte heftig den Kopf.

Nicht würzen? Warum noch mal? Weil Salz Wasser entzog und das Fett verwässerte?

"I'll do it at the end ...", versuchte sich Cat zu retten, doch in diesem Moment drehte sich Wilson ruckartig zu Andy um.

"What is it, Chef?", fragte der, unschuldig lächelnd.

Nun grinste auch Sunny. Sie hatte das Spiel durchschaut und schob sich noch mehr hinter Wilson, sodass der Chef sich nicht ohne Weiteres zu Andy umdrehen und sehen konnte, was der da für Tipps gab.

Über Sunnys Kopf machte Andy nun eine Handbewegung, als wolle er sagen, dass es reichte. Das Fett war heiß genug. Vorsichtig legte Cat den Fisch hinein. Es zischte fürchterlich, aber Andy guckte gelassen und zeigte ihr fünf Finger. Sofort stellte Cat die Flamme auf mittlere Hitze zurück. Auch ohne sein Nicken merkte sie wenig später an der leichten Bräune am Rand der Filets, dass der große Moment kurz bevorstand. Die Filets mussten gewendet werden. *Now!* Cat holte tief Luft. Der Fisch sah recht fest aus, aber das konnte täu-

---

seasoned gewürzt

schen. Keine Gräten, keine Haut, nichts außer gestocktem Eiweiß hielt das Ganze zusammen. Cat konnte ihr Herz pochen hören, das Blut rauschte in ihren Ohren.
Wieder eine Bewegung, die sie unscharf aus den Augenwinkeln sah.
"I'll turn it now", sagte sie clever, weil sie Wilson dabei ansehen musste und Andy besser im Blick hatte. Der hielt eine Hand flach wie den Wender und die andere gespreizt darüber. *Hold it!*
"Just remember what I told you about perfect cooking ...", fügte er hinzu und ignorierte Wilsons entrüstetes Schnauben.
Perfect cooking feels like touching the person you love ...
Sofort sah Cat den Moment wieder vor sich, als Andy im Flur ihre Hand genommen hatte. Vorsichtig und sanft. Sie griff nach dem Wender. Genau wie Andy es ihr eben angedeutet hatte, spreizte sie die linke Hand und legte die Fingerspitzen an die Oberfläche des Fischs, um ihn beim Wenden abzustützen. Keine Angst vor dem Zischen, bloß nicht zucken. "The pan is hot, but we stay cool", sagte Andy immer.
Langsam drehte Cat den Wender, und ließ das Filet langsam zurück in die Pfanne gleiten. Es dampfte, zischte, Cat blinzelte und traute sich hinzusehen – ja! Es hielt! Beinah hätte sie laut gejubelt.
Nur wenige Augenblicke später, als der sanfte Forellenduft sie einhüllte, zog sie die Pfanne von der Herdplatte und sah Wilson erleichtert an. Cat war sicher, dass der Fisch gut durch war. Nun nur noch würzen.

"What **seasoning**?", fragte Wilson, doch Cat durchschaute seine Verunsicherungstaktik sofort.
"That depends on the recipe", gab sie gelassen zurück. "I'll just use the basics."
Andy nickte. Weißer Pfeffer und Salz.
Wieder wagte Cat einen kurzen Seitenblick und griff dabei nach der Salzmühle. Andy hielt vier Finger hoch. Vier Drehungen. Bei der Pfeffermühle wieder der Blick. Nun waren es zwei Finger und Andy wackelte mit dem Daumen. Zwei bis drei Drehungen.
"Fish is ready", sagte Cat etwas zaghaft.
Wilson nickte, holte eine Gabel und probierte.
"You taught her to season that, right?", grummelte er und drehte sich zu Andy um.
"Yes", fragte Andy argwöhnisch. "Why?"
"More pepper next time!"
"Did I pass the test?", traute sich Cat zu fragen.
"Of course. Hurry up, now – we'll talk when lunch is over." Wilson klatschte ein paar Mal in die Hände, um die Kollegen zu ihren Arbeitsplätzen zu scheuchen. Andy atmete auf, Sunny tätschelte stolz Cats Schulter und Wilson rauschte nach oben in seine Wohnung.
Erleichtert wusch Cat sich noch einmal die Hände und ging zu Andys Arbeitsstation.
"Thank you so much", sagte sie leise.
Doch der blitzte sie nur an. "How to fry fish is one of the first things you learn. He would have blamed *me* if you**'d messed** it **up**", sagte er kühl.

---

seasoning Würze
to mess up vermasseln

Cat schnappte nach Luft.
"Good morning, everybody!", schallte es da durch die Küche.
Jack! Ausgerechnet.
"Cat! Fantastic! Dad says I can tell you the news right now!"
"What do you mean?", fragte sie erstaunt. Jack kam zu ihnen herüber und tätschelte Cat am Arm. Schon als er seine Hand nach ihr ausstreckte, sah sie, wie Andys Hand sich um den Stiel der Pfanne krampfte, die er gerade vom Herd zog.
"Well, he just told me", antwortete Jack, "that you'd passed his test, and he wants you to take part in the **annual** competition, too! Congratulations! He's just sending them the **registration form** now."
"But I ...", stammelte Cat.
Jack hatte sich mit lässig gekreuzten Armen an die Arbeitsplatte gelehnt.
"Extra motivation for you too, eh, Paxton?", fragte er Andy hämisch.
"Ganz sicher nicht", flüsterte Cat, unwillkürlich auf Deutsch. Sie könnte schwören, dass Andys Zähne knirschten. "It's my pride that's saved me from going under here, more than once!", hatte er gestern Nacht zu ihr gesagt.
"Of course", meinte er nun zu Jack. "She's one of the most talented trainees I**'ve** ever **come across**. And now

---

annual jährlich
registration form Anmeldeformular
to come across begegnen

if you'll excuse us, Jack, we have work to do here. Mushrooms, Catherine!"

Catherine? Cat hatte das Gefühl, keine Luft mehr zu bekommen.

Jack begleitete sie, immer noch mit diesem triumphierenden Grinsen, als sie mechanisch hinüber zum Kühlraum ging und eine Kiste Champignons herausholte.

"Do have any plans for this afternoon?", fragte er. "I've been invited to a party on a friend's yacht. I thought you might like to join us?"

Ach genau, es war ja Mittwoch. "Sure. Why not", sagte sie matt.

Im gleichen Moment wurde es totenstill in der Küche, so als hielte das Crown entsetzt die Luft an.

"Wonderful. I'll pick you up at four o'clock."

"Great. Looking forward to it", meinte Cat.

Kaum hatte Jack die Küche verlassen, zischte Sunny: "If Andy calls me Sandra instead of Sunny it means he's incredibly upset. What's happened, Cat?"

Aber Cat schüttelte nur den Kopf.

Under the Weather

Am Abend stand Cat also mit einem Glas Orangensaft in der Hand an der Reling einer Segelyacht. Für die gut zwanzig jungen Leute an Bord gab es nicht viel zu tun. Eine Profi-Crew segelte das Schiff und man musste nur darauf achten, der Mannschaft nicht im Weg zu stehen. Das Ganze war eher eine etwas spezielle Outdoor-Party.

Jacks Freunde waren alle in seinem Alter. Die jungen Frauen glichen durchgestylten Hochglanzschönheiten und beachteten Cat kaum. Sie wusste auch gar nicht, was sie zur Unterhaltung beitragen könnte. Die Gespräche drehten sich hauptsächlich um abwesende Freundinnen und angesagte Clubs und der arrogante, gelangweilte Tonfall gefiel ihr gar nicht.

Jack wich ihr nicht von der Seite, er war so aufmerksam, dass es Cat fast peinlich war. Sie betrachtete den Sonnenuntergang und ihr Herz tat weh. Immer wieder wanderten ihre Gedanken zu Andy, der jetzt sicher dabei war, seinen Nachtisch vorzubereiten. Ohne ihre Hilfe.

All those ups and the downs, and you still didn't leave, schoss es Cat durch den Kopf. *But I've left now*, dachte sie und ihre Kehle krampfte sich zusammen.

---

under the weather angeschlagen

"What's the matter? Can't enjoy yourself tonight?", fragte Jack schließlich. Er beugte sich zu ihr herunter, grinste sie aufmunternd an und fügte hinzu: "Nervous about the competition?"
Sie antwortete nicht, sondern zuckte nur die Achseln.
"I don't think you need to worry", fuhr Jack im Plauderton fort. "You've been working with Andy every day. You must know his weak points."
"He doesn't have any", gab Cat zurück und unterdrückte gerade noch den genervten Unterton in ihrer Stimme. "Comparing him with me is just **ridiculous**."
"My father doesn't think so."
"He can think what he likes. Andy's brilliant!"
Jack zog die Brauen zusammen.
"Do you like him that much?", fragte er schroff.
"**So what if** I do? We aren't even talking to each other at the moment", entfuhr es Cat. "I suggested that he could use my recipe for vanilla crème in the competition and he took it as an **insult**!"
"Ah, so that's why you're in a bad mood! What an idiot. With his past, he should be **grateful** for all the help he can get", meinte Jack abfällig.
Nun erinnerte er Cat sehr an seinen Vater. Er hatte sogar dieselbe ungnädige Art den Kopf zu schütteln. Sie atmete durch. *Even if you're angry inside, always stay polite.*

---

ridiculous lächerlich
so what if was, wenn
insult Beleidigung
grateful dankbar

"Sorry, Jack", versuchte sie, ihn zu beschwichtigen. "I know you're just trying to say that you're on my side. Let's change the subject – I'm sorry to be such a **wet blanket**."
"Never mind. You're the most beautiful wet blanket I've ever seen." Er sagte das richtig zärtlich und Cat schluckte.
Noch bevor sie etwas erwidern konnte, zog Jack sie an sich und küsste sie sanft auf den Mund.
Mistake!, durchzuckte es Cat. Trotzdem fühlte es sich nach Wärme und Trost an. Schlimmer noch: Es gefiel ihr. Und Jack wusste genau, was er da tat. Die jungen Frauen, die in der Nähe standen und über Belanglosigkeiten plauderten, drehten sich zu ihnen um und begannen zu tuscheln.
Cat wich etwas von ihm zurück. "I don't think this is a good idea."
Er lachte. "I think it's a very good idea!"
Cat musste mitlachen, weil das spitzbübische Grinsen ihm wirklich gut stand und seine Augen strahlten. Jemand drehte die Musik lauter.
"Let's dance", meinte Jack. "I have to **seize** my chance before this **mysterious** passion for cooking, which I'll never understand, takes you away from me again."

So war es tatsächlich schon Mitternacht, als Cat ihre Zimmertür hinter sich schloss. Eine ganze Weile saß sie

---

wet blanket Spaßbremse
to seize ergreifen
mysterious rätselhaft

kopfschüttelnd auf ihrem Bett, bis sie sich schließlich auszog und ihren Laptop auf den Schoß nahm. Was war nur los? Warum hatte sie Jack geküsst (und das auch noch irgendwie schön gefunden)? Und warum ging ihr Andy trotzdem nicht aus dem Kopf?
Vom Nebenzimmer waren leise Schritte zu hören. War Andy aufgeblieben, bis sie nach Hause kam? Etwa um sie zur Rede zu stellen? Cats Herz begann zu flattern, wie ein erschreckter Vogel in einem zu engen Käfig. *I feel so guilty!*
Sie klappte ihren Laptop auf. Mel hatte geschrieben und fast schon traditionsgemäß endete ihre Mail mit: *Kiss the cook!*
Höchste Zeit, ihre Schwester auf den neusten Stand zu bringen.

Dear Mel,
I've messed things up. I did kiss the cook. And I kissed the restaurant owner's son as well.

Sie hielt inne, als plötzlich ein grünes Licht aufleuchtete und der Chatname ihrer Schwester in der unteren Bildschirmecke erschien.

Mel_thelamb: Go to bed! ;-) What are you doing still awake?
Blueeyed_Cat: I went out.
Mel_thelamb: Who with? Cutie-pie?
Blueeyed_Cat: No, Wilson's son took me with him to a party on a yacht.
Mel_thelamb: You mean a love boat?

Cat stöhnte, aber schon erschien eine neue Zeile.

Mel_thelamb: So what about your date with Andy yesterday?

Blink, blink, blink! Cat starrte den Cursor an. Was sollte sie darauf antworten?

Blueeyed_Cat: It was nice.
Mel_thelamb: So ...?? Will you be going on another one?!

God, I feel so ***uncomfortable****.* Cat versuchte, sich so neutral wie möglich auszudrücken.

Blueeyed_Cat: We have to work a lot in the next few days. We've both been entered for the annual competition.
Mel_thelamb: What, as a team? Or as rivals?

Rivalen? Zack! So wie es Mels Art war – genau auf den Punkt und getroffen. In Cats Kehle zog es unangenehm.

Blueeyed_Cat: Wilson registered me without asking me. I'm not serious ***competition*** *for such a good cook, am I?*

---

uncomfortable unbequem
competition Konkurrenz

Mel_thelamb: Cat? What's up? You sound sad …
Blueeyed_Cat: I am. I wanted to help Andy with one of Grandma's recipes, but he misunderstood. He thinks I think he can't manage by himself, and now he isn't talking to me any more.

Eine Weile geschah nichts, dann erschien eine weitere Zeile.

Mel_thelamb: Cat? You're in love with him, aren't you?

Prompt kam Cat sich ganz albern vor, konnte aber nicht anders, als ehrlich zu antworten.

Blueeyed_Cat: Yes.
Mel_thelamb: And how does he feel about you? Do you know?
Blueeyed_Cat: He told me that he felt the same. Before that stupid argument, we were kissing and talking. We were both so happy …

Kurz berichtete Cat von dem wunderschönen Abend vorgestern und der abrupten Wendung.

Mel_thelamb: I don't know him, Cat, and it's so difficult to judge these things from the outside …

Go on, dachte Cat. *I need some advice.*

Zeile um Zeile schob sich den Bildschirm hinauf.

Mel_thelamb: Well, I guess what I should say is that life goes on and you'll feel better soon, even if nothing happens between you and Andy. But looking at the photo you sent me, it's so obvious that he really likes you ...

Cat öffnete das Bild, auf dem Andy und sie sich anlachten, und musste schlucken. Andy strahlte sie an, als wäre er unglaublich glücklich darüber, mit ihr zusammen sein zu können. *It's so obvious ...*

Mel_thelamb: Cat – winning an **award** *is never as important as a person you really* **care about**. *You shouldn't let it come between you, and neither should he.*

Spätestens jetzt hätte Cat am liebsten laut losgeschluchzt.

Blueeyed_Cat: I know. You're right. But I don't know what to do.

Wieder blieb Mels Antwortzeile eine Weile leer.

Mel_thelamb: Shall I come around and **beat** *him* **up**? *;-) Perhaps I should teach him to be grateful that my little sis was nice enough to like him at all.*

---

award Auszeichnung
to care about sb jdn gern haben
to beat sb up jdn zusammenschlagen

Cat musste grinsen. Die Vorstellung, dass sich Melanie vor Andy aufbaute und ihm einen Kinnhaken verpasste, war einfach zu komisch.

Blueeyed_Cat: That would be great :-)!
Mel_thelamb: Sisters at last! You're finally as ***tough*** *as I am! You'll* ***get through*** *this somehow, I know you will!*
Blueeyed_Cat: Thanks, Sis!

Nun wurden Cats Augen wirklich feucht und zum ersten Mal hatte sie unglaubliches Heimweh. Jetzt mit Mel im Halbdunkel auf dem Bett zu sitzen, sich umarmen und trösten zu lassen ...

Mel_thelamb: Night night, little sis. ***Take care.***
Blueeyed_Cat: Thanks. Night night. Sleep well.

Damit war Mel weg, und schon ging es los: Eine Träne tropfte auf den Laptop-Deckel, dann die nächste, und schon konnte Cat gar nicht mehr aufhören zu weinen. Sie erschrak über sich selbst. So hatte sie zuletzt geweint, als Oma Käthe gestorben war. ***Lovesick***, dachte Cat. *I really do feel ill.*
Als endlich keine Tränen mehr kamen und Cat sich ganz leer fühlte, sah sie eine ganze Weile in die mondhelle Nacht hinaus. An Schlaf war nicht zu denken und

---

tough zäh
to get through durchkommen
Take care. Pass auf dich auf.
lovesick liebeskrank

es dauerte nicht lange, da hätte sie wieder losheulen mögen, doch sie riss sich zusammen. *I have to* ***distract*** *myself*, dachte sie. *Work always used to cheer me up whenever I was sad about Grandma.*
Also knipste sie das kleine Licht auf dem Nachttisch an und las sich den Anforderungsbogen der BCF für den Wettbewerb noch einmal durch.
Fünf Gänge: Suppe, Salat, Fisch, Hauptgericht, Nachspeise.
Seufzend holte sie sich das Kochbuch ihrer Großmutter und einen Notizblock. Vielleicht fand sie ja ein paar Rezepte, die sie nachkochen konnte. Sie bildete sich keine Sekunde ein, ausgebildeten Jungköchen Konkurrenz machen zu können. Aber bis auf die Knochen blamieren wollte sie sich auch nicht.
Zwei Gänge regten sofort ihre Fantasie an: eine Hack-Ananassuppe und ein Mousse aus Räucherfisch. Mit etwas ungewöhnlicher Dekoration ließ sich das sicher ansprechend präsentieren. Andy hatte ihre Kreativität beim Anrichten ja mehr als einmal gelobt.
Das Dessert stand fest, sie konnte die Vanille-Creme in- und auswendig. Zum Glück fand sie auch einen Salat, der mit Obst zubereitet wurde. Für das Dressing konnte sie scharfen gekörnten Dijon-Senf und Fruchtessig nehmen – einer von Wilsons Lieblingstricks, um einen Duft nach Haute-Cuisine zu erzeugen. So würde also der Gegensatz Fruchtiges und Scharfes der rote Faden in ihrem Menü werden.

---

to distract sich ablenken

Meine Güte, wie viel sie in der kurzen Zeit schon von Wilson und Andy gelernt hatte. Sie zog sich die weiße Kluft an und schlich lautlos durchs Treppenhaus, schloss die Küchentür hinter sich und schaltete die Elektrik ein. Dann machte sie sich auf den Weg in die Vorratskammer.

Ihre Zutaten trug sie sorgsam in das Abrechnungsbuch ein und schluckte, als sie die letzten Einträge las. Das war Andys Handschrift: ***cranberries***, *lemon, flour, 4 eggs,* ***baking powder***, *2 cl cream* … Er notierte sogar ein Schnapsglas voll Sahne?

Unreliable? ***You've got to*** *be kidding! Dream on, Mrs Wilson!*

Seufzend brachte sie alle Zutaten, die sie brauchte, zum Herd und an den Schneidetisch und begann zu arbeiten. Die Vorbereitungen waren ihr inzwischen in Fleisch und Blut übergangen und sie geriet ins Träumen.

Andy lächelnd am Fuß der Treppe …, die Bank in der Sonne …, seine schönen hellgrauen Augen voller Fragen …, der perfekt auf sie passende Text von Kelly Clarkson …, die Küsse, die Erleichterung und ihre kalten Hände in seinen …

Zum ersten Mal kochte Cat, ohne einen Gedanken an Mengenangaben oder Zubereitungszeiten zu verschwenden. Jedes Aroma erinnerte sie an einen bestimmten Moment, jeder Duft um die Töpfe brachte

---

cranberry Preiselbeere
baking powder Backpulver
to have got to do sth etw tun müssen

Bilder und Worte, Klänge und Gefühle mit. Und mehr als einmal hatte Cat dieses salzige Brennen in der Kehle. Das mit Andy hatte doch kaum angefangen und sollte schon vorbei sein?
Nach einer Weile stand eine Schale Suppe vor Cat, mit kleinen Croutons in Sternform, dazu ein duftender Salat und eine Räucherfischmousse, die, mit Limonenschale und Senftupfern dekoriert, fantastisch aussah.
Cat hatte sie schon probiert, eigentlich waren ihr die Limonenstücke zu groß geraten, aber gerade das war so schmackhaft, dass Cat die Größe neben Oma Käthes Originalrezept schrieb. "Surprise the guests!", sagte Wilson gerne. Der einzige Satz des Chefs, der Andy immer zum Lächeln brachte.
Perfect cooking feels like touching the person you love for the very first time. Every time.
Kochen, den Dingen ihren Lauf lassen, ohne die Sorge, dass jemand einen lieblos beurteilte, schöpferisch sein dürfen ohne Angst …
Cat wurde klar, dass Andys Vater eben diesen Teil der Arbeit besonders geliebt haben musste. Aber … *discipline is part of the profession … he wasn't strong enough …*
Als die Hintertür leise quietschte, schreckte Cat hoch.
"Good morning!"
Sunny.
Ihre Kollegin trat neugierig zu ihr und staunte: "Is that … yours?"
Cat nickte stumm.
"May I try it?"
"Sure", sagte Cat.

Sunny probierte Gang um Gang und kam aus dem Staunen gar nicht mehr heraus.

"This is **amazing**!" Sie zwinkerte Cat anerkennend zu und meinte: "Especially the mousse. It might be even better than Andy's fish course."

Besser? Die sicher lieb gemeinten Worte gossen sich über Cat aus wie kalter Platzregen. Sie war noch gar nicht auf den Gedanken gekommen, dass es für Andy schwerer sein könnte zu gewinnen, wenn sie auch teilnahm. Sah er das etwa so? Wie Mel es vermutet hatte? Dass sie jetzt Rivalen waren? Aber ...

"Oh God!", schluchzte sie und Tränen sprangen aus ihren Augen.

"Cat ...", sagte Sunny hilflos.

Erschreckt hob Cat den Kopf, als sie vom Flur her Stimmen hörten. Andy und Wilson!

Geistesgegenwärtig riss Sunny eine große Serviette aus einem Regal und drückte sie Cat vors Gesicht.

"Wilson **mustn't** see you crying. Don't worry, I**'ll take care of** it!", raunte sie Cat noch zu. Sie schob sie zum Durchgang.

"What's the matter?", fragte Wilson misstrauisch, als er um die Ecke kam.

"She's sick", sagte Sunny. "A very bad cold. She should stay in bed today. I'll do her work." Sie traf genau diesen Ton aus Hektik und Sorge, der Wilson gleich nicken und weitergehen ließ.

---

amazing fantastisch
must not darf nicht
to take care of sth sich um etw kümmern

Andy hingegen blieb vor Cat am Durchgang stehen.
Sunny raunte Cat noch zu: “Your dishes! I’ll go and hide them!” Sie drehte sich um und lief zurück.
Cat hob ihr Kinn und versuchte, wortlos an Andy vorbei zu gehen.
“I see”, sagte Andy gereizt. “So was the sea **breeze** too cold for you again last night?”
“Yes”, sagte Cat mit einigermaßen fester Stimme. “Why? Are you jealous?”
“Why do you say that?”, meinte er kühl.
Jäh fuhr Cat wieder herum. “Because it would make me feel better”, fauchte sie ihn an. Plötzlich konnte sie die Tränen nicht mehr aufhalten. Und gerade dass er ihre Tränen sah, machte sie rasend vor Wut. “You … you … stupid, **stubborn** boy! I’d never do anything to hurt you! And I never underestimated you! I just wanted you to win, because it’s so important to you! Would you not give me help or advice if I needed it? Wouldn’t you?”
Augenblicklich lösten sich Andys Züge. “No, Kitten, I …”
Cat schüttelte nur heftig den Kopf und rannte hoch in ihr Zimmer.

Cat hatte zig Mal in ihr Kissen geboxt vor Wut. Das konnte wohl nicht wahr sein: hysterisch loszuheulen wie eine Zehnjährige!
Ein Klopfen an der Tür.

---

breeze Brise
stubborn dickköpfig

"It's me, Sunny. Can I come in?"
"Yes", rief Cat.
Sunny öffnete die Tür und hielt ihr verlegen ein Tablett hin.
"Some breakfast for you. I made it, because Andy can't even seem to hold a spoon today. He keeps shaking his head every two minutes. What have you done to him?", fragte Sunny mit einem leisen Lachen. Seufzend begann Cat zu erzählen. Sie ließ nichts aus, auch nicht, was bei dem Segeltörn passiert war.
"Uh-oh. What a mess", meinte Sunny. "Shall I tell Andy to come and see you after work? To talk things over?"
"No", wehrte Cat ab. "I'm still embarrassed; I can't **face** him now!"
Gerade in diesem Moment klopfte es wieder an der Tür.
"That might be him!", flüsterte Sunny. "The restaurant's quiet today."
"Do I look as if I've been crying?", fragte Cat schnell und wischte sich hektisch übers Gesicht.
"No. Just a bit **puffy**. Which could be from your cold!", meinte Sunny grinsend.
"Come in", sagte Cat schnell.
Die Tür schwang auf. Jack.
"Hi there! I heard that you were sick? You poor thing."
Sofort beruhigte sich Cats Herzklopfen. "Don't worry, it's okay", meinte sie und versuchte, so gut es ging, zu verbergen, dass sie enttäuscht war.

---

to face sb jdm gegenübertreten
puffy verquollen

"What can I do for you, my dear? I feel guilty." Jack setzte sich auf den Stuhl am Sekretär. "It was too cold last night. And you were up early working on your dishes for the competition, weren't you? Well, here's something that might cheer you up. Dad tried them."

"He was too fast for me", sagte Sunny, als Cat sie fragend ansah. "When I came back into the kitchen, he'd already found them!"

"Paxton went really pale when Dad told him that you wouldn't be easy to beat", meinte Jack leicht gehässig. "I'm really looking forward to this competition now. Beaten by the girl he **fancies**, his own assistant, with no professional experience – it's just what he deserves!"

Es klang so gemein, dass Cats Magen zu einer kleinen Kugel zusammenschrumpfte. Sunny aber sprang auf. In ihren Augen stand eine solche Wut, dass sich Jack unwillkürlich duckte. Ungebremst stiefelte Sunny auf ihren Cousin zu und boxte ihn vor die Schulter.

"Now I see what's going on! You saw that Andy was in love with her! You're just playing around with her to **wind** him **up**!"

Cat starrte Jack an. "Is that true?", quetschte sie hervor.

"Erm ...", machte Jack. Ausgerechnet er, der sonst nie um Worte verlegen war, bekam keinen Ton mehr heraus.

Cat aber holte tief Luft und sprang auf. "I don't believe it!", brüllte sie ihn so an, dass er zusammenzuckte.

---

to fancy sb auf jdn scharf sein
to wind (wound, wound) sb up jdn auf die Palme bringen

"Not everyone is lucky enough to be born like you with a silver spoon in their mouth, Jack Wilson! **Shame on you!**" Sie wies zur Tür. "Get out of here! Right now!"
Jack starrte sie an wie vom Donner gerührt, dann biss er die Zähne aufeinander, stand langsam auf und ging mit undurchdringlicher Miene aus dem Zimmer. Die Tür zog er so heftig hinter sich ins Schloss, dass beide Mädchen erschraken.
Cat rannte im Zimmer auf und ab, atmete tief und versuchte sich zu beruhigen.
"That needed to be said!", fand Sunny.
Eine ganze Weile saß Cat kopfschüttelnd auf ihrer Bettkante. "I can't believe it", brachte sie schließlich heraus. "I've never been so angry in my whole life!" Dann hob sie unsicher die Augen zu Sunny. "Is Andy really as worried as he said?"
"I never saw him so **disorganized**. If he's like this in the competition ..."
"The last thing I want is to get in his way", rief Cat verzweifelt. "Oh God, Sunny – what do I do?"

Shame on you! Schäm dich!
disorganized unorganisiert

Still Yours

Nachdem Sunny gegangen war, machte sich Cat eine Weile die verdrehtesten Gedanken. Sie kam sogar auf die Idee, gleich in die Küche zu gehen und Andy vor den Augen aller einfach um den Hals zu fallen. Aber was würde passieren, wenn er sie zurückwies? Dass sie mit Jack ausgegangen war, hatte für ihn sicher furchtbar leichtherzig und gewissenlos ausgesehen. Obendrein mussten ihre Kochübungen auf ihn gewirkt haben, als bereite sie sich darauf vor, ihn unter allen Umständen beim Wettbewerb schlagen zu wollen. Wilson würde sie sicher sofort nach Deutschland zurückschicken, falls sie sich nun weigerte teilzunehmen. Gerade als sie ernsthaft erwog, genau das zu riskieren, bemerkte sie, dass ein Zettel unter der Tür durchgeschoben wurde.

Dear Cat,
Sorry, it's a bit **pathetic** to write a letter, but I don't want to say something stupid again. I wanted to ask if you'd mind trying out your recipes in the early morning, so that I can keep on using the kitchen at night?
I really hope we can manage to keep on working together like we always did. But please try to keep Jack

---

pathetic jämmerlich

away from the kitchen. He makes me **furious** and I'm nervous enough at the moment as it is.
Still yours,
Andy

Das leise "still yours" am Ende wärmte Cats Herz und sofort riss sie eine leere Seite aus dem Rezeptbuch ihrer Großmutter und schrieb:

Dear Andy,
I'm so sorry that we had that awful **misunderstanding**. I didn't mean to yell at you, but I feel confused and upset. I think we both need some time to calm down. And yes, of course I'll use the kitchen in the mornings, and I promise to be **as** professional **as ever** when we work together.
I really don't want to **compete against** you. Would you prefer it if I **dropped out** of the competition?
Still yours, too
Cat
P.S. Did Sunny tell you about our **row** with Jack?

Schnell schob sie den Zettel unter Andys Tür hindurch und schlich zurück in ihr Zimmer. In einem verzweifelten Versuch sich abzulenken, versuchte sie aufzuräu-

---

furious wütend
misunderstanding Missverständnis
as ... as ever so ... wie immer
to compete against sb gegen jdn antreten
to drop out ausscheiden
row Streit

men. Gerade als sie das Kochbuch ihrer Großmutter zuklappen und auf den Nachttisch legen wollte, gab das Buch ein Geräusch von sich, das wie reißende Seide klang.
Erschreckt drehte Cat es um – der Schutzumschlag aus Pergamentpapier war der Länge nach am Rücken aufgerissen.
“Oh no!”
Sie rieb vorsichtig über das zerrissene Papier, das sich sofort löste, weil der Kleber mürbe geworden war. Der ganze Einband hing nur noch an einer Stelle fest. Zwischen Buchdeckel und Umschlag ragte ein Papierzipfel heraus, und als Cat daran zog, hatte sie einen vergilbten Zettel in der Hand.
“Das Liebesrezept” stand darauf, “Dezember 1962”. Unwillkürlich musste Cat lächeln. Ihre Großmutter war Jahrgang 1946 und damals also genauso alt wie sie jetzt. Sicher war das ein Experiment aus ihren Jugendtagen und sie hatte den Zettel unter den Schutzumschlag geschoben, um ihn nicht zu verlieren.
Zwei Hühnerbrustfilets wurden auf Paprika-Gemüse gebettet und dazu wurde eine rote Soße gereicht. Das war sicher ein toller Anblick. Cat stutzte, als sie weiterlas. Was waren denn das für Mengenangaben?

1 mutige Prise Salz
1 liebevolle Wende zum richtigen Zeitpunkt
Soviel roter Pfeffer, wie nötig ist, um sein Herz zu entflammen.

Na super – für Andy würde da eine halbe Messerspitze reichen! Und die wäre schon zu viel des Guten.
“Oh Mann”, flüsterte sie auf Deutsch. “Das wäre dann wirklich wie eine gekochte Liebeserklärung!”
Sie las die Anweisungen noch einmal. Vorsichtig berührte sie mit den Fingerspitzen die filigranen Buchstaben auf dem vergilbten Papier. Dann lächelte sie und ihr Herz schlug höher.
Huhn und Gemüse musste man genau auf den Punkt braten, das war ein solches Koch-Spektakel, dass niemand eine simple Zubereitung vermuten konnte. Und jeder Handgriff musste sitzen.
Eine Idee für die Dekoration schoss ihr durch den Kopf – oh ja, es würde nicht zu übersehen sein, was sie eigentlich mit diesem Menü bezweckte. Für ihn jedenfalls nicht. Soviel roter Pfeffer, wie nötig ist ... Ja, das war die Lösung!
Ihr Blick fiel auf den kleinen Standkalender auf dem Sekretär. Der Wettbewerb war am nächsten Dienstag. Noch fünf Tage. Entschlossen stellte Cat sich den Wecker auf halb fünf, als es abermals an der Tür klopfte.
“Come in.” Schnell ließ Cat das Rezept unter ihrem Kissen verschwinden. Die Tür schwang auf und Jack stand im Zimmer. Mit zerknirschtem Gesichtsausdruck und einer Tasse Tee in der Hand.
“What do you want?”, fuhr Cat ihn an.
“I’ve brought you my silver spoon.” Er wies auf den Teebecher. Tatsächlich war der kleine Löffel darin aus Silber. “It’s a present. I don’t think I need it any more. Can I come in? Please!”
“You already have”, sagte Cat genervt.

Er atmete tief durch. “I want you to know something. You’re one of the most amazing girls I’ve ever met. I **confess** that **to begin with** I was interested in you for the wrong reasons, but last night I **was**n’t **pretending**.”
“Well, that’s nice to hear, but **it doesn’t matter**, anyway. I’m in love with Andy.”
Jack gab ein gequältes Stöhnen von sich. “A bit more information than I actually needed, but okay.” Jetzt hatte er wieder diese offenherzige Art an sich, die Cat wirklich an ihm mochte.
“Jack, I **honestly** don’t understand why you did this. You’re clever and **generous** and funny – you**’ve got** plenty **going for** you. Why do you think you need to feel jealous and **act** so mean?”
Er zuckte zusammen. Treffer.
“What are you talking about?”, fragte er dennoch.
“I don’t think it’s even Andy you’re angry with. I think it’s your father. I heard what happened between you.”
“Oh”, meinte Jack zähneknirschend.
“Look”, fuhr Cat fort. “My sister Melanie is studying **aviation technology**, like our father did. **From** his **point of view**, she’s doing brilliantly and I’m wasting my life

---

to confess gestehen
to begin with am Anfang
to pretend vormachen
It doesn’t matter. Es macht nichts.
honestly ehrlich
generous großzügig
to have sth going for one etw haben, was für einen spricht
to act sich benehmen
aviation technology Flugzeugtechnik
from sb’s point of view aus jds Sicht

chopping vegetables. But I'd never pick on Melanie for that. It's not her fault if our father feels that way."
Jack nickte und sie sagten eine Weile nichts.
Schließlich räusperte er sich. "Do you want to know the real reason why Andrew wouldn't use your recipe? My father would never **approve of** anything **based** on a dish Andy didn't **create** himself."
"But without my variation it's just a basic recipe. Like his French onion soup."
Jack nickte. "But he has to present it in some surprising way, with a **unique** personal **touch**. That's what my father expects. Even if Andy did some personal variation of your vanilla crème, the idea would have been yours, and Dad would know it."
Cat schlug sich eine Hand vor die Stirn. "I see. Now I understand."
"And my father will also know if you don't cook **to the best of** your **ability** just so that Andy can win."
"Don't worry", meinte Cat verschmitzt. Sie holte den Zettel unter dem Kopfkissen hervor. "I'll cook **as well as** I **possibly can**. Listen – this is what I'm going to make!"

---

to chop klein schneiden
to approve of sth etw gutheißen
based basiert
to create kreieren
unique einzigartig
touch Note
to the best of one's ability nach bestem Können
as well as one possibly can so gut wie nur möglich

Während Cat ihm erklärte, wie das Rezept funktionierte, begann Jack zu lächeln. Er erhob sich. In der Tür drehte er sich noch einmal um.

"The silver spoon is a **lucky charm** for Tuesday. Will you take it with you and think of me?"

"Won't you come and watch?"

"No – I think **for** Andy**'s sake** I'd better stay away." Er krauste die Stirn und machte ein genervtes Gesicht. "Who said that?"

"You did", meinte Cat lachend. "Thank you, Jack."

Als Cat am Morgen aufwachte, lag wieder ein Streifen Papier unter ihrer Tür.

Dear Cat,

Thanks for the reply! Jack actually apologized to me this evening. I feel a bit better now. Of course you must take part in the competition! Wilson really seems to **rate** you, so you'd better not disappoint him. I'd never forgive myself if I **denied** you a chance like this. Do your very best. Good luck!

Yours,

Andy

---

lucky charm Glücksbringer
for sb's sake um jds Willen
to rate hoch schätzen
to deny sb sth jdm etw verwehren

Don't Talk, Just Kiss

"Rice is ready." Cats Stimme war kaum zu hören.
"Tomatoes, Cat." Andy klang fast noch matter.
Sie redeten nur das Notwendigste und sahen sich dabei nicht an. Das ging nun den dritten Tag so. Andys Kommandos wurden immer leiser und irgendwie milder, Cats Erwiderungen immer verzweifelter. Inzwischen war auch ihre Erschöpfung nicht zu übersehen.
Meistens war Cat, die jeden Morgen von sechs Uhr bis gegen acht übte, abends so müde, dass sie gleich nach Feierabend die Treppe hinaufstolperte, ihre Tür schloss und sofort einschlief, sobald sie ins Bett gekrochen war.
Sie war noch nicht zufrieden mit ihren Kochversuchen: Vorgestern hatte die Paprika einen grauen Schimmer bekommen und gestern war das Hühnerfilet nicht richtig durch gewesen. Außerdem hatte sie die Zeit überzogen, um volle zehn Minuten. Morgen war schon Montag! Wer von ihnen konnte am Ruhetag üben?
Müde trug Cat die Tomaten zum Herd hinüber.
"Tomatoes are ready."
"That was quick. Thanks, Kitten."
Hatte er Kitten gesagt? Und mehr als ein neues Kommando? Cats Kopf flog hoch. "**You're welcome**", sagte sie sanft.

You're welcome. Gern geschehen.

"About tomorrow ...", setzte er an und biss sich auf die Unterlippe. Wie so oft schienen sie den gleichen Gedanken zu haben. "We'll both need as much time as possible to prepare for the competition. So why don't you use Wilson's work station, and I'll use mine. I won't **disturb** you, I promise."

"Okay", sagte sie überrascht. "I won't disturb you either."

"I know", sagte er leise. Und dann schwiegen sie beide wieder bis zum nächsten Kommando. Die Stunden flogen nur so dahin und schon sagte Cat Sunny gute Nacht, kletterte die schmale Treppe hinauf und legte sich hin. Nebenan klappte ebenfalls die Zimmertür. Andy übte heute Abend nicht? Er hatte so blass ausgesehen und müde.

We both need a break, dachte Cat noch, wusch sich und kroch ins Bett. Als sie ersten Takte von Kelly Clarksons Song durch die Wand hörte, war sie nicht sicher, ob sie schon träumte. Und eine Sekunde später schlief sie bereits tief und fest.

Eigentlich war es ein bisschen lächerlich. Natürlich konnten sie sich beim Kochen nicht sehen, aber die Gerüche waren so eindeutig, dass sie beide erahnen konnten, was der andere ausprobierte. Von Cats Seite des Herdes duftete es nach Paprika und Hühnerfond. Andy arbeitete wohl an etwas, das mit Pfannkuchenteig und Beeren zu tun hatte – ein Duft, der an Cranberry-Muffins erinnerte, durchströmte die Küche. An-

---

to disturb stören

schließend roch es nach Limone, Alkohol und Minze. Eine Fruchtsoße? Das roch fantastisch und machte Hunger auf Süßes. Cat konnte kein Huhn mehr sehen, obwohl es eigentlich ihr Lieblingsfleisch war. Sie bereitete den Teller vor und holte sich, ohne einen Seitenblick auf Andys Herd zu werfen, ein langes Bambusstäbchen, um die Soße zu den Tellerrändern zu ziehen. Ein rotes Paprikaviertel, ein grünes, ein rotes, ein grünes. Ein kritischer Blick – ja, jetzt sah endlich alles so aus, wie sie es sich vorgestellt hatte. Das Gemüse hatte Biss und einen fruchtigen Nachgeschmack, der Fond war so gut abgebunden, dass er den Reisrand nicht erreichte. Besser ging es nicht.

Gerade als Cat alles wegräumen wollte, trat Wilson in die Küche. Was machte der denn hier? Sonst bestand Mrs Wilson eigentlich darauf, dass ihr Mann den Ruhetag mit ihr verbrachte. Cat beeilte sich, ihren Teller mit Alufolie zu bedecken und im Kühlschrank verschwinden zu lassen. Nicht dass der Chef am Ende auf die Idee kam zu probieren.

Etwas raschelte, es klang wie eine Plastiktüte, und Cat hörte Wilson sagen: "Wear this uniform tomorrow! It's got the new logo on it."

Vor zwei Tagen hatte das Crown eine neue, sehr edle Außenwerbung bekommen. "A **miracle**!", hatte Andy gesagt, als die Schilderfirma letzte Woche zum Aufmessen da gewesen war. "That was Jack's idea, and Wilson actually listened!"

---

miracle Wunder

Und obwohl Wilson sie und Andy gegeneinander antreten ließ, sollten sie anscheinend trotzdem gemeinsam Reklame laufen.

"**Same goes for** you!" Der Chefkoch legte Cat ihre Uniform auf den Arbeitstisch. Mütze und Jacke waren mittelblau, dazu gab es ein knallrotes Halstuch. Auf der Jacke prangten deutlich eine stilisierte Krone, zwei Sterne und gleich darunter ein silberner Löffel – ausgerechnet!

"I expect a lot from you, and you'll have to …"

"Work hard!", riefen Andy und Cat gleichzeit. "Yes, Chef!"

"Have you been practising that?", fragte der Chef irritiert. Kaum war er aus der Tür, kicherten beide los. Sie sahen sich an, fast so wie ganz am Anfang, ein bisschen zu lange, und Andys Augen wurden weich und dunkler. Doch dann breitete sich wieder dieses furchtbare Schweigen über der Küche des Crown aus.

Noch zwanzig Stunden.

Same goes for … Das Gleiche gilt für …

Well Done

Cat sah sich vorm Spiegel in die Augen. *Do you know what you're doing?,* fragte sie sich. *Are you sure?* Sie stöpselte ihren MP3-Player ein und steckte die Kopfhörer in die Ohren.

No going back, sang Kelly Clarkson. *I faded out all that was fading me within …*

Die neue Uniform war frisch gestärkt und der Kragen kratzte am Hals. Cat öffnete den obersten Knopf, schlang das Halstuch um und warf Oma Käthes Kochbuch einen letzten liebevollen Blick zu. Sie verließ ihr Zimmer und lief mit langen Schritten den Gang hinunter.

Jack und Andy standen am untersten Treppenabsatz zusammen. Er würde ihm doch nicht am Ende wieder irgendeine Bosheit mitgeben? Doch Cat wollte nicht extra die Stöpsel aus den Ohren nehmen, um zu hören, was sie besprachen.

Andy wirkte ruhig und Jack wandte sich zu ihr und lächelte leicht. Er lief an ihr vorbei die Treppe hinauf. "Good luck", formten seine Lippen. Cat nickte nur. Andy sah sie an, ohne zu lächeln, und prompt fühlte sich ihr Magen zittrig an. Das dauerte aber nur so lange, bis Mrs Wilson durch die Hintertür kam und sich verärgert aufs Handgelenk tippte.

Sunny kam angerannt, umarmte sowohl Cat als auch Andy und wünschte beiden viel Glück. Sie war heute mit Wilson allein, doch trotz der Aussicht auf einen ar-

beitsreichen Tag lachte sie ihre beiden Kollegen fröhlich an: “You show them!”
Andy und Cat gingen noch einmal zu ihrem Chef. “Remember we have a **reputation** to keep up. And ...” Wilson grunzte irgendetwas, legte aber gleichzeitig ein großes Rinderfilet in die Pfanne, sodass seine Worte im lauten Zischen untergingen.
Endlich kehrte das lodernde Gefühl in Cats Brust zurück. “Du wirst schon sehen”, murmelte sie auf Deutsch. Auf Andys verwunderten Seitenblick reagierte sie nur mit einem stolzen Nicken.

So saßen Andy und Cat hinten im Rover der Wilsons und jeder sah an seiner Seite aus dem Fenster. Irgendwann sagte Mrs Wilson etwas, Cat hörte es nur undeutlich durch die Musik und zog genervt die Stöpsel aus den Ohren. Kelly Clarkson sang gerade, jetzt laut genug für alle: *And I was hiding, till you came along ...*
Sah das von der Seite nur so aus, oder lächelte Andy wirklich?
“Sorry, Mrs Wilson, what did you say?”
“I asked you both whether you realize how important this competition will be for your future?”
“Well, it’s our future I’m thinking of”, sagte Cat gelassen.
“And you, Paxton?”
“Me too”, sagte Andy. Er hatte seine Augen wieder auf die vorüberziehenden Häuser gerichtet und zog die

---

reputation Ruf

Kopfhörer seines eigenen MP3-Players unter der Uniform hervor.
So here we are, that's pretty far ..., hörte Cat noch und lächelte.

In der Großküche, wo der Wettbewerb stattfand, gab es zehn Herde, genug Arbeitsplatten und Platz für die Vorbereitungen. Die fertigen Gänge wurden auf entsprechend gekennzeichnete Tische gestellt. Alle Jungköche arbeiteten schnell und konzentriert. Man hörte Schüsselgeklapper, Schneebesenschlagen und das Zischen von heißem Öl.
Cat hörte einfach nicht hin. Ganz ruhig machte sie einen Schritt nach dem anderen. Ihre ersten drei Gänge hatte sie in Rekordzeit geschafft, nun bereitete sie das Hauptgericht zu. Gemüse und Reis waren auf den Punkt fertig. Noch einmal das Huhn drehen (eine zärtliche Wende zum richtigen Zeitpunkt), und schon griff sie nach dem Teller. Vorsichtig legte sie die beiden Hühnerfilets nebeneinander, salzte nach (eine liebevolle Prise) und warf der Pfeffermühle nur ein feines Lächeln zu (soviel roter Pfeffer wie nötig ist, das Herz des geliebten Menschen zu entflammen!).
Cat hatte das Fleisch sehr sorgsam ausgewählt und es hatte wunderbar die Form behalten. Die dickeren runden Enden und die schmalen Spitzen der beiden Filets fanden sich auf dem Teller zur Herzform zusammen.
Jetzt – Konzentration! Vorsichtig goss Cat die rote Soße an. Mithilfe von Jacks silbernem Löffel zog sie eine schnurgerade Spur zwischen beide Herzhälften und ließ sie am unteren Tellerand zu einem perfekten

Tropfen auslaufen. Wer jetzt kein gebrochenes Herz, sondern nur zwei Hühnerfilets sah, musste völlig gefühlskalt sein.
Cat atmete durch. Ihr Blick flitzte zur großen Küchenuhr. Zehn Minuten noch. Perfektes Timing. Die Vanille-Creme hatte sie zwischendurch angerührt und dekoriert. Teller und Dessertschale trug sie vorsichtig hinüber zum Präsentationstisch.
Andy war ebenfalls fertig mit seinen Gängen und wartete dort. Seine Vorspeisen waren fantastisch gewesen, vor allem der Salat. Weil Andy in der ersten, Cat aber in der letzten Gruppe war, hatte sie seinen Hauptgang und das Dessert verpasst.
Nun stand Andy vor ihren Hühnerfilets und sah sie fassungslos an. "That decoration is ... a bit weird, isn't it?", stellte er fest.
"Really?", gab Cat lächelnd zurück. "Well, it's exactly what I **was aiming for**!"
Nun gingen die Juroren an den Tische entlang, probierten, kritzelten etwas auf ihre Klemmblöcke und kamen zum nächsten Teilnehmer. Nachdem sie Cats Hauptgericht begutachtet hatten, sahen sie wenig begeistert aus.
"May I?", fragte Andy besorgt. Wortlos reichte Cat ihm eines der Probebestecke.
"By the way, your mousse was perfect", kommentierte er. "The salad would be better with an orange juice dressing." Andy schnitt sich ein Stück vom Fleisch ab und probierte.

---

to aim for sth etw anstreben

Cats Herz schlug bis zum Hals.
"Kitten! There's no pepper in it!", sagte Andy entsetzt.
"I know", meinte Cat. "It's my Grandma's recipe for love. It says: as much red pepper as **necessary** to **set** the heart of the one you love **on fire**. As far as I know, the one I love is already very **warm-hearted**, and he can't stand hot food."
Andy schloss kurz die Augen, seufzte und begann zu lächeln. "So Jack was right. He told me that he thought you really cared about me. On Monday, when you and I were laughing together – remember? – I suddenly had an idea. I wanted to show you that some things are more important to me than success. Did you see my main course?" Er ging zu den bereits bewerteten Gerichten und Cat folgte ihm.
Da Andy das Entrecote-Double auf zwei Tellern angerichtet hatte, konnte Cat schon von Weitem sehen, was passiert war: Ein Filet war vollkommen braun gebraten.
"Oh my God", lachte sie. "One of the pieces is well-done!"
"It's yours", sagte er grinsend.
"That's a **beginner's mistake**! What will you tell Wilson?"

---

necessary nötig
to set on fire entflammen
warm-hearted warmherzig
beginner's mistake Anfängerfehler

Andy griff nach ihren Händen. "An accident? An **unfamiliar oven**? It doesn't matter. I love you. And I was a **fool**."
Cat schluckte und strahlte Andy an.
"Me too", sagte sie. Und das kam direkt aus ihrem Herzen.

"Are you crazy? Well-done *entrecote double,* Paxton? What the hell were you thinking?"
Andy hatte die Arme über der Brust verschränkt und antwortete nicht.
Der Chefkoch blitzte nun auch Cat an. "Third and fifth place for the Crown? Third and fifth?! The whole catering industry will laugh at us!"
"But we won all the single **medals**, except for the main courses", sagte Andy ruhig. "Cat for best fish and decoration, and me for salad and desserts!"
Mit einem boshaften Grinsen wies Wilson hinter sich auf den Trophäenschrank. "Your father won lots of medals. But he couldn't work under pressure. Looks like you have the same problem."
Cat schnappte nach Luft.
Wie in Zeitlupe zog Andy seine Jacke aus. "Cat, did he really just compare all my hard work here and everything I've done for the Crown with the unprofessional

---

unfamiliar ungewohnt
oven Herd
fool Trottel
medal Medaille

attitude of my alcoholic father?", fragte er und gab Cat die Jacke.
"Yes, he did", sagte sie.
Andy fuhr herum und sprang Wilson fast ins Gesicht. "I've had enough! I **quit**!"
Wilson zuckte zusammen und Cat bekam vor Entsetzen den Mund nicht zu. Andy war noch nie laut geworden.
"I'll go and pack my bags. Bye." Mit diesen Worten drehte Andy sich auf dem Absatz um und stiefelte in den Flur zur Treppe.
Cat tippte Wilson auf die Schulter. Ihr Herz schien aus purem Feuer zu bestehen, doch ihr Ton blieb ruhig. "You are very **ungrateful**", sagte sie leise, und ein bisschen traurig. "You'll never find another cook as reliable and talented as Andy."
"Look ...", setzte Wilson mit einer beschwichtigenden Handbewegung an.
"Andy has had more than one offer of work from some of the best restaurants around", fuhr Cat fort. "He **turned** them all **down**. He said he wouldn't leave you and the Crown, because he was grateful to you for giving him a chance after his father left. He's only ever been loyal to you, yet you treat him as if he's unreliable and **worthless**. If you really want him to stay, you'd better go upstairs right now and apologize. The truth is

---

attitude Einstellung
to quit (quit, quit) kündigen
ungrateful undankbar
to turn down ablehnen
worthless wertlos

that he lost the competition because of me, and I lost because of him. We're a team and we ... well, we like each other very much. But you made us rivals. And each of us wanted the other to win!" Mit diesen Worten drehte auch Cat sich um und ging langsam durch die Hintertür. Sie setzte sich draußen auf die Treppe und nach einer Weile schaute Wilson vorsichtig um die Ecke. Cat sah ihn nicht an, sonst hätte sie bemerkt, dass er das perfekte Büßergesicht zog.

"You were both angry with me, because I made you compete against each other?"

"Yes."

"But you still made sure you won all those medals for the Crown?"

Nun sah Cat Wilson doch an und nickte ihm finster zu. Er guckte sehr nachdenklich.

"Okay", sagte er schließlich. "I **get it**." Sein Kopf verschwand. Und Sunny trat auf den Hof.

"Hi", sagte sie und schaute so mitfühlend, dass Cat schluckte.

"Don't look at me like that", brachte Cat hervor. "I'm about to cry anyway."

Aber Sunny legte den Kopf schief und strahlte plötzlich. "**No need** for that. My uncle's **on his way** up to see Andy. Everything will be all right, you'll see!" Sie ließ sich neben Cat nieder und legte den Arm um sie.

---

to get it kapieren
No need. Nicht nötig.
on one's way unterwegs

Nur wenig später kam auch Jack heraus und setzte sich einfach dazu.
"I haven't heard any shots yet, so I guess they haven't killed each other", meinte er augenzwinkernd.
Sunny kicherte, aber Cat schaute noch immer mit gesenktem Kopf aufs Hofpflaster. Dann hörte sie eine vertraute Stimme.
"Cat!" Andy. Sie hob den Kopf, sah ihn an und seufzte einmal tief. "Come on", meinte er zärtlich. "Let's go and put our medals in the cupboard."
"You can cry now, if you want", meinte Sunny und atmete erleichtert durch.

Kurze Zeit später hängten Cat und Andy ihre Medaillen gemeinsam in den Trophäenschrank.
"I'd never forgive myself if I left the Crown."
"I know!", sagte sie und schluckte.
"Is that why you told Wilson what happened?"
Cat nickte.
"You must have been really **persuasive**. He's given me a **raise**! And he apologized like he really meant it", sagte er mit einem leisen Lächeln. "Thank you, Kitten!"

---

persuasive überzeugend
raise Gehaltserhöhung

Everything's Ready

Nun war er vorbei, der Probemonat, und der Chef hatte anscheinend nicht mehr vor, mit Cat über einen Ausbildungsvertrag zu sprechen. Auch der Mittwochvormittag verging und Wilson sprach noch immer keinen Ton mit ihr. Keine Forderungen, keine Kommandos, kein Lob, nicht einmal eine Frage, was sie am freien Nachmittag vorhabe, nichts. Nur Mrs Wilson erkundigte sich, wann sie Cat am nächsten Morgen zum Flughafen bringen solle.

"Ten o'clock", antwortete Cat leise und bemüht, ihre Fassung zu bewahren.

Als sie gegen zwei aufhörten zu arbeiten und Cat sich beeilte, in ihr Zimmer zu kommen, wartete schon eine Mail von Mel.

Die Familie freue sich darauf, Cat zu sehen, schrieb sie. Klang das irgendwie seltsam unverbindlich, oder bildete sich Cat das nur ein?

Wie in Trance zog sie sich um und blickte sich dann im Spiegel an. Wie sehr sie sich verändert hatte in diesem Monat. Wie sehr sich alles verändert hatte! Und nun sollte sie einfach nach Hause gehen und so tun, als wäre nichts geschehen?

Am Abend wollten Andy und sie mit seinen Fußballfreunden in einem angesagten Café in der Innenstadt Abschied feiern. Andy hatte auch Jack und Sunny gefragt, ob sie nicht mitkommen wollten. Susan, die Schwester des Mittelstürmers, wollte auch kommen, extra wegen Cat. Er fügte noch hinzu, dass Susans witzige Art sicher auch Jack gefallen würde, doch Cat bekam nur ein kleines Lächeln zustande.

Mrs Wilson hatte ihr Ausgeherlaubnis bis Mitternacht verlängert, da Jack ja dabei sein würde, und eigentlich hätte sie sich doch darüber freuen sollen. Doch irgendwie klappte das nicht.

Andy bemerkte, dass Cat nachdenklich aussah und sehr schweigsam war, als sie bereits auf den Weg in die Altstadt waren. Sie liefen vor Sunny und Jack, die sich angeregt über Fußball austauschten. Andy nahm Cat ein bisschen fester an die Hand.

"Are you sad, Kitten?"

"A bit." Cat schaute sich seufzend um. Sie war nicht einmal einen Monat hier, aber die Stadtluft, die Stimmen von Jack und Sunny und sogar der leichte Nieselregen, das alles fühlte sich so vertraut an. "I'm going home, but when I get there I'**ll be homesick** for Aberdeen. It feels weird."

Mitfühlend sah Andy sie an und strich ihr mit dem Daumen über den Handrücken.

"Perhaps it's better for all of us", fuhr sie fort. "Wilson just blames you for anything I do wrong. You've heard enough **complaints**, haven't you?"

"I'm used to it", meinte Andy leichthin.

---

to be homesick Heimweh haben
complaint Beschwerde

"Well, at least I can come and visit my aunt Josephine soon, so we can still see each other. I'll look for work as a kitchen assistant **for the time being**, and **hopefully** my medals will count for something when I **apply** to other restaurants for an apprenticeship."
"But you belong at the Crown", widersprach Andy mit Nachdruck. "I'm going to miss you."
"I know." Mit einem flehenden Gesichtsausdruck sah Cat Andy an. "I'm just trying to be positive. Don't make it harder for me."

Am Ende gelang es Andys Freunden und den Kollegen doch noch, Cat aufzumuntern, und so wurde es trotz allem ein lustiger Abend. Cat und Andy hielten sich hochoffiziell an den Händen und lachten viel. Cat konnte sich kaum retten vor lauter Fragen, wie ihr die Zeit in Schottland gefallen habe und wie es mit ihr und Andy weitergehen könnte und wann sie zurückkommen wolle.
"Soon!", versprach sie und Andy drückte ihre Hand und schenkte ihr ein besonders glückliches Lächeln.
Sunnys fundierte Fußballkenntnisse wurden allgemein bewundert und tatsächlich verstanden sich Susan und Jack blendend.
Kurz vorm Aufbruch bat Jack Susan um ihre Telefonnummer und sie grinste verstohlen, als sie die Zahlen überdeutlich auf einen Bierdeckel schrieb. Die Mäd-

---

for the time being erst einmal
hopefully hoffentlich
to apply sich bewerben

chen tauschten E-Mail-Adressen aus und so wusste Cat, dass sie neben Sunny noch eine neue Freundin gefunden hatte.

Seufzend öffnete Cat am nächsten Morgen ihren Laptop, ging online und klickte auf die Mail des Web-Check-In der Fluggesellschaft. Sie probierte es öfter, doch jedes Mal wurde ihr mitgeteilt, dass die Seite nicht zur Verfügung stehe.
So ein Mist, nun musste sie noch früher los und am Flughafen-Schalter einchecken. Hoffentlich war Mrs Wilson nicht sauer darüber.
"No problem, we've got plenty of time", sagte Margaret Wilson und das war es auch schon.
Cat holte ihre Koffer und schleppte sie die Treppe hinunter.
Another four hours, dachte Cat, *and I'll be home. 1,500 miles away from here. I can't believe it.*
Richtig mulmig wurde es ihr, als sie in die Küche ging, wo schon der ganz normale Betrieb angefangen hatte. Andy hatte bei Wilson durchgesetzt, dass er mit zum Flughafen fahren konnte, und versprochen, möglichst viel vorzubereiten, sodass Wilson über die Mittagszeit nicht ins Schwitzen kam.
Cat holte tief Luft und sah in die Küche. Andy nickte ihr zu und wechselte ein paar Worte mit Wilson. Der sah nicht einmal von seinem Topf auf, als Cat ihm ein "Goodbye, Chef, and thank you so much" hinüberrief, sondern gab nur eine Art grimmiges Grunzen von sich. Wiggle und der Souschef Leonard schüttelten ihr herzlich die Hand und fanden ein paar warme Abschieds-

worte. Sunny drückte Cat kurz, versprach zu mailen und dankte ihr noch einmal für ihre Geduld.
Und da kam auch Jack die Treppe heruntergestürmt: "I overslept. Did I miss the **grand** finale?"
Finale?, fragte sich Cat. Sie hatte keine Zeit, nachzufragen, denn jetzt stand auch Andy neben ihr und nahm ihr den Koffer ab.
Sie hatten gerade die Schleusentür erreicht, als hinter ihnen ein laut gebelltes "Catherine!" ertönte.
"Yes, Chef", antwortete Cat gedrückt und drehte sich um.
Wilson räusperte sich. "I almost forgot – I need you to sign a form for the **tax office** before you go."
"Oh, okay", sagte Cat.
"I left it on the staff table. Come with me", kommandierte er.
Absichtlich hatte sie heute Morgen nicht mit den anderen gefrühstückt. Die wunderbare Atmosphäre im Gastraum machte sie prompt noch trauriger. Es war ganz still hier vorne und dunkel. Die beiden Ober kamen erst um halb elf und Cat fiel ein, dass sie sich gar nicht richtig von ihnen verabschiedet hatte.
"Will you please **give** my **regards to** Morty and Roger? I forgot to **say goodbye**." Cat schluckte mehrmals, ihre Stimme hörte sich matt an.

---

grand groß
tax office Finanzamt
to give one's regards to sb jdm einen Gruß ausrichten
to say goodbye sich verabschieden

Wilson gab eine Art bejahendes Grummeln von sich. Auf dem Personaltisch lagen ein dünner Stapel Papier und ein Kugelschreiber bereit. Anscheinend hatte Wilson fest damit gerechnet, dass sie zum Frühstück kommen würde. So als gehörte sie noch dazu.
Der Chefkoch ging zum Lichtschalter – die dezente Deckenbeleuchtung und alle Tischlichter flammten auf. Das Besteck auf den Tischen funkelte, das Porzellan glänzte und Cat schluckte erneut. Das alles war so vertraut. Und jetzt vorbei. Es fühlte sich so falsch an wegzugehen!
"Hurry up – your flight won't wait", sagte Wilson ungeduldig, als er Cats Zögern bemerkte.
Sie trat an den Tisch und drehte die Unterlagen zu sich. Richard Wilde, Marie Wilde, stand da ganz unten links. Die Unterschriften ihrer Eltern? Und auf der rechten Seite: "Jacob Oliver Wilson".
Ihr Blick suchte die Überschrift auf dem Blatt.
"It's a contract", brachte sie hervor. Sie blinzelte und sah Wilson dann erschrocken an.
"I sent it to your parents for them to sign the day you fried the fish", sagte Wilson gelassen. "Do you think I'm stupid enough to lose you to another restaurant?"
"You **played a trick on** me!", erkannte Cat fassungslos. "And my family knew! That was why I couldn't check in for my flight! They **cancelled** it!"

---

to play a trick on sb jdm einen Streich spielen
to cancel stornieren

"Ha!", knurrte Wilson. "'Nemo me impune lacessit' – nobody who **harms** me goes **unpunished**. Everybody knew, except for you and Andrew." Nun grinste der Chefkoch so sehr, dass Cat ebenfalls lachen musste. "I just wanted to teach you both a little **lesson**", meinte Wilson, "after Mr Paxton's **admittedly** rather elegant **mime routine** behind my back **during** your test. It was a bit late to be teaching you how to fry fish, don't you think?"

Sprachlos fiel Cat ihrem Chef einfach um den Hals. Der schnappte überrascht nach Luft, drückte sie aber tatsächlich kurz an seine Brust.

"Thank you, Chef! This is the best **punishment** I've ever had."

"Well, I should hope so." Plötzlich wechselte er zu seiner strengen Bulldoggen-Miene. "But it's your first day and you're late for work already! Hurry up and get back in the kitchen, where you belong!"

Cat nickte und setzte schwungvoll ihre Unterschrift unter den Vertrag, gerade in dem Moment, als Andy um die Ecke guckte, weil er sich wohl fragte, was so lange dauerte. Gleich hinter ihm tauchten Sunny, Jack und Mrs Wilson auf. Sie lachten schon, als sie Wilson sahen und er einen Daumen in die Luft streckte.

---

to harm schaden
unpunished unbestraft
lesson Lektion
admittedly zugegeben
mime routine Pantomimen-Nummer
during während
punishment Strafe

"What happened?", fragte Andy verblüfft. Wilson rauschte grinsend an ihm vorbei und trieb seine Familie in die Küche zurück, damit die beiden einen Moment für sich hatten.
"Contract ... He gave me a contract", erklärte Cat flüsternd.
Andy begann beinahe leicht verzweifelt zu lachen. "He's such a ...", sagte er kopfschüttelnd. Dann zog er Cat an sich.
Und als Morty und Roger das Crown betraten, küssten sie sich immer noch. Dann aber machten sie, dass sie in die Küche kamen.
"Cat – ricotta", war von dort zu hören, gerade als die Schwingtür wieder aufging.
"Never change a winning team", erklärte Jack den beiden Kellnern ungefragt, als er in den Gastraum kam. Grinsend griff er nach dem Telefon unter der Bar, zog einen Bierdeckel hervor und lächelte verschmitzt, während er dem Freizeichen lauschte.
"Hi, Susan, it's me, Jack Wilson. The weather's so good today that I thought you might like to go for a little walk on the beach with me? – Great! Shall I pick you up in an hour? – Yes. – I'm looking forward to it, too."
Roger drehte sich achselzuckend zu Morty um, der gerade das Open-Schild aufhängen wollte.
"Welcome to the Crown", meinte der nur. "It's a **madhouse**, but the food is great!"
Das Lachen der Kellner war bis in die Küche zu hören.

---

madhouse Irrenhaus

"Ricotta is ready!", sagte Cat lächelnd und trat an die zweite Kochstelle neben Andy – *right where I belong*, dachte sie.

Omelett mit Gemüsefüllung

(für 2 Personen)
4 frische Eier (Klasse M oder größer)
2 EL Mineralwasser (oder 2 EL Wasser mit einer Msp. Backpulver oder Natron)
2 Prisen Salz, 1 Prise weißer Pfeffer, 1 Prise Muskat
1 EL Butter

Füllung:
1 Tomate
1 kl. Zucchini
8 frische Champignons (oder mehr)
1 EL Butter
1½ Prisen weißer Pfeffer, ½ TL Salz

Das Gemüse waschen, die Zucchini schälen, die Tomaten und Pilze von den Strünken, bzw. Fruchtansätzen befreien. Alle Gemüse-Arten in ungefähr gleich große mundgerechte Stücke schneiden.
In einer kleinen Pfanne bei mittlerer Hitze die Butter schmelzen. Das Gemüse zugeben, die Zucchini und die Pilze unter mehrfachem Rühren oder Pfanneschwenken andünsten. Nach ca. 5 Minuten die Tomaten zufügen, noch eine Weile mitschmoren, bis die Tomaten gerade eben weich werden (das Timing klappt selten beim ersten Mal, aber man bekommt bald ein

Gefühl dafür – versprochen!). Das Gemüse mit dem Schaumlöffel aus der Pfanne heben und abtropfen lassen, bevor die Mischung ins Omelett gefüllt wird.
Während des Garens die vier Eier aufschlagen, das Mineralwasser zufügen und sehr schnell mit einem Schneebesen schaumig schlagen (oder mit einem Mixer, auf niedriger Stufe). Die Gewürze zufügen und gut verrühren.
Die Pfanne mit Küchenkrepp auswischen und sofort wieder aufsetzen. Die Butter bei mittlerer Hitze schmelzen (bei zu hoher Temperatur wird die Butter braun und bitter und das Ei trocken).
Die Eimasse noch einmal durchschlagen, bis deutliche Schaumbläschen bleiben, und langsam in die Pfanne gießen, bis die Masse den Boden der Pfanne bedeckt. Deckel auflegen. Warten, bis das Omelett ganz durchgestockt ist, das Gemüse einfüllen, vorsichtig und mithilfe eines sehr breiten Pfannenwenders zuklappen. Das Omelett gerecht in der Mitte teilen :-)